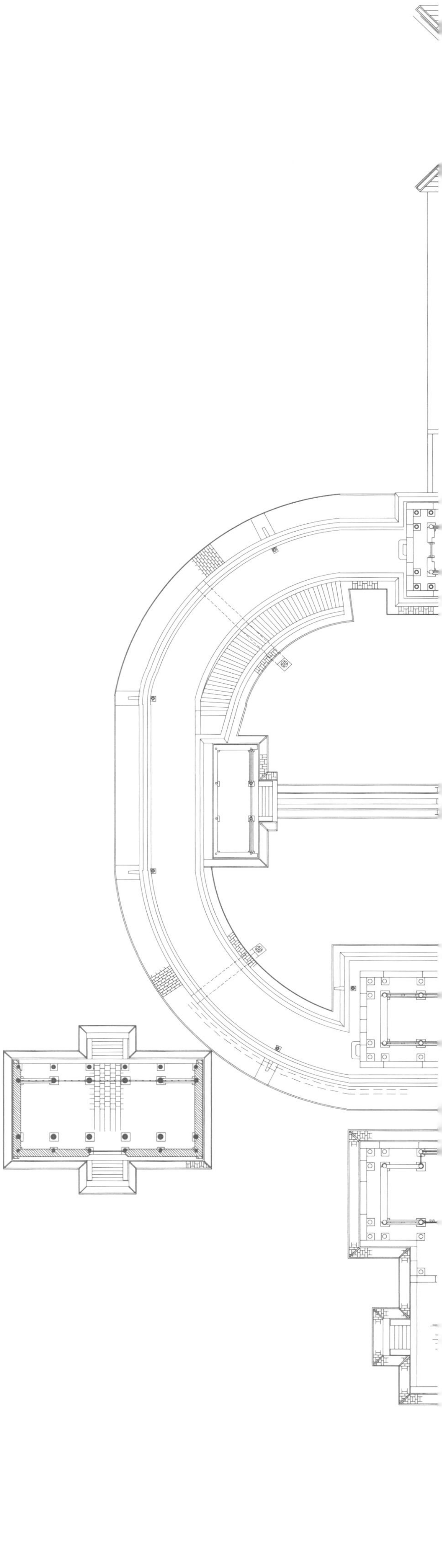

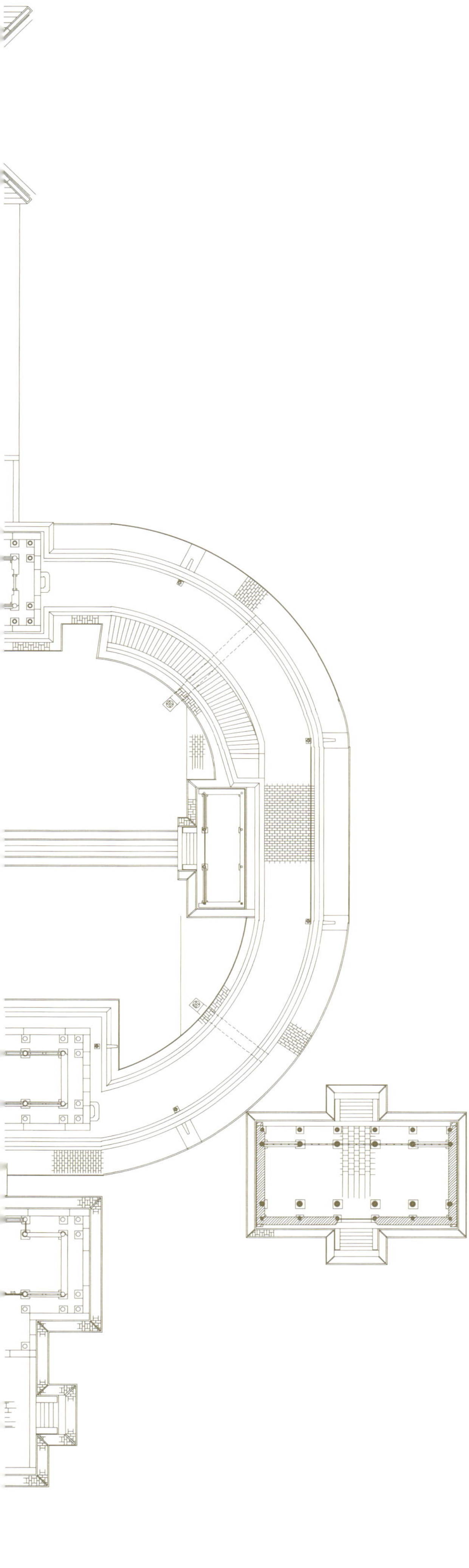

志喻金湯

健锐营演武厅文物史迹图志

北京大觉寺与团城管理处 编

李永泉 主编

北京燕山出版社

序言

北京西山风景秀丽，乃清代帝王苑囿之地，尤以“三山五园”极负盛名。自清代中期以降，西山健锐营一直驻扎在香山静宜园南北两翼。它是一支由乾隆皇帝亲自督建的八旗特种部队，这支部队凭借超群的军事技艺和坚毅的战斗精神，南征北战，为清王朝开拓疆土、维护统一、巩固政权立下了赫赫战功。

健锐营演武厅是健锐营演武校场遗址，始建于清乾隆年间，面积约2.8万平方米，属全国重点文物保护单位。它是清代京西外三营中唯一完整保存了原有校场格局形制的皇家武备建筑群，在现存清代军队营房建筑中等级、规格极高。健锐营与香山静宜园的建立发展紧密相关，历史上承担着守卫静宜园的职能，是“三山五园”皇家园林中军事文化的重要体现。

1988年，北京市团城演武厅管理处成立，这处古老的军事遗址作为博物馆向公众开放，就此焕发出新的生命力。健锐营演武厅是一座古建筑类型的博物馆，承载了保护遗址、研究历史文化、展览展示及社会教育等功能。它不仅仅是健锐营演武厅建筑群，更是健锐营文化的核心区，其特殊之处在于承载了健锐营的文化与社群，这个社群至今仍在延续，是一种活态历史文化。

三十四年时光荏苒，几代团城人深耕求索，将健锐营演武厅历史文化完整呈现在观众面前，这是健锐营研究成果的一次全面集中展示，也是对健锐营文化的传承与延续。本次固定陈列展全面介绍了健锐营这支清代特种部队的成立、发展历程，明确了健锐营对清代多民族国家的统一发挥的重要作用，及其在清代社会历史发展中的重要意义。展览采用原状陈列与现代展陈方式相结合的展陈思路，主要内容包含：健锐精旅——健锐营成立、发展及校阅（演武厅）；诘戎扬烈——健锐营建制及建功；太平安乐——健锐营旗营生活（东西值房）；壮肄声威——“三山五园”中的健锐营（南城楼）；策功绩武——健锐营纪功碑（北城楼）等五个部分。展览面积约 1100 平方米，以团城（含城内南北城楼及东西值房）、演武厅及东西配殿整组古建筑为展陈区域。整组建筑中，中轴主体建筑演武厅、团城南城楼、北城楼采用原状复原陈列，配属建筑东西朝房、团城内东西值房为现代展陈方式。古建筑内原状陈列以真实、朴素、富于空间感和代入感的方式，展示健锐营演武厅皇家演武场的历史风貌，以及健锐营在香山地区的旗营社会风貌，现代展陈方式则以更创新的形式讲述历史故事，以多媒体互动等多种展示方式增加展览感染力。

为了充分发挥博物馆教化导向作用，让展览摆脱空间束缚，管理处还组织编写了《志喻金汤——健锐营演武厅文物史迹图志》。该书以展览为蓝本，补充了翔实的健锐营历史资料及丰富的建筑照片，其中，《大学士领侍卫内大臣傅恒奏条陈设立满洲云梯健锐营各项事宜折》译文、演武厅南城楼北城楼等处陈设清册、“实胜寺后记碑”全景图等珍贵史料都是首次公开。

古有健锐劲旅纵征沙场，无不奏捷，得实胜之名，建致远之功。今日博物馆以崭新的方式继承了健锐营健勇笃行与锐意进取的作风，连接过去、现在和未来，以推进健锐营演武厅整体性保护工作，传承健锐营文化，提升博物馆社会影响力和对区域的文化带动作用，坚守文化自信，传播优秀传统文化，将“志喻金汤”之精神发扬光大。

刘文鹏

目录

前言

北京西山，内接太行，外属诸边，峰岭绵延，磅礴千里，集五岳之精华，蕴三山之灵气，云从星拱，遥卫京师，夙有“神京右臂”之誉。而西山之殊胜者，莫若香山：岭接岭林麓萦纡，山重山峰峦掩映。种种胜景，蔚为大观，故有清一代，被辟为皇家苑囿胜地，列于“三山五园”之内。

自香山南麓东望，平畴一览，佳气迴浮，有健锐营演武厅赫然在目。演武厅者，清王朝“诘戎扬烈”、讲武演军之地也。初建于乾隆十四年（1749 年），始称香山健锐营，此后逐年修葺，踵事增华，建成了融城池、殿宇、亭台、校场、碉楼于一体的武备建筑群，故而又叫团城演武厅，俗称“小团城”。这里驻扎着皇帝亲督的八旗特种部队健锐云梯营，亦是周边八旗诸营演习的场所，每月定期于此“合练”。仅乾隆一朝，皇帝即廿余次亲阅，壮肄声威；奖励有功将士，胪全表绩。团城之侧，旧有寺曰“实胜”，寺有乾隆御碑两通；今实胜寺已毁，而碑石巍然尚存。碑文以四种文字，记清廷仅十年中，为一统华夏版图，两平大小金川、两平准噶尔等数次战役之武功。

健锐精旅，武毅谋勇，万里投戈，无数重关腾虎豹；一控壮图，中华国脉固金汤。团城演武厅，气势恢宏，群峰列卫森严如戟；威宣壁垒，志喻金汤，遐迩闻名，历二百多年风雨硕果仅存，堪称我泱泱中华古今第一肄武之地，弥足珍贵。

一

健锐精旅

——健锐营历史沿革

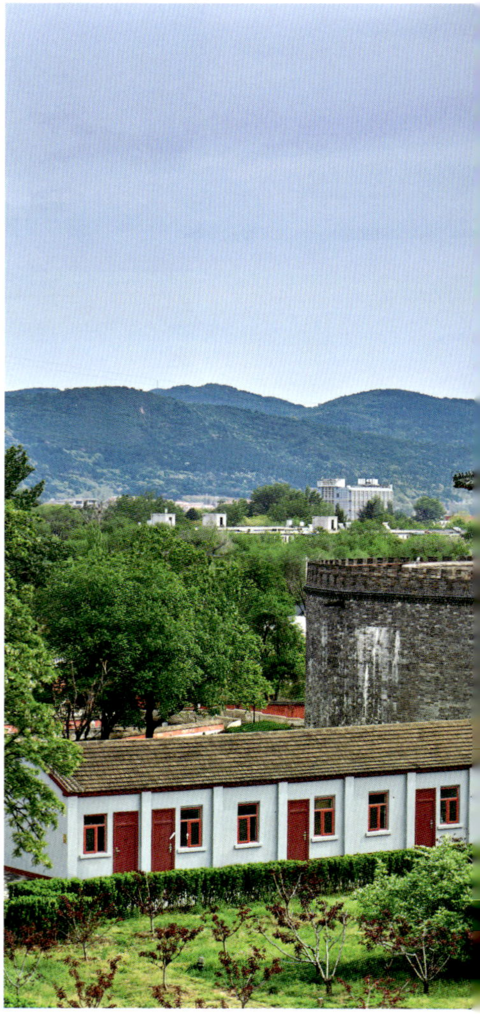

团城演武厅位于风景秀丽的香山地区，始建于乾隆十四年（1749 年）。它是集城池（团城）、殿宇（演武厅、东西朝房）、西城楼门、碑亭、校场等为一体的别具特色的武备建筑群，古建艺术风格独特，建筑宏伟壮观。从北向南依次为石桥、团城、演武厅、东西朝房、西城楼门、校场、放马黄城、实胜寺碑亭、松堂，分布在周围的还有八旗营房、印房、官学、石碉等。

1979 年团城演武厅被公布为市级文物保护单位。1988 年，市政府研究决定团城演武厅由农场局移交市文物局进行管理保护，并于当年成立北京市团城演武厅管理处。2006 年 6 月被公布为全国重点文物保护单位，定名为“健锐营演武厅”。

图 1　健锐营演武厅全景

第一节

健锐营成立及校阅

16 世纪末，满族崛起于我国东北。明万历四十四年（1616 年），努尔哈赤统一女真各部，建立了“大金”（后金）政权，天聪十年（1636 年）皇太极在盛京（今沈阳）称帝，改国号为“大清”，清顺治元年（1644 年），清军入关，最终确立了对全国的统治。[1] 此后，清王朝进入了“康乾盛世”时期，政治上空前统一，经济高度发展，国力强盛。

清朝以武功立国，为实现国家统一，建立政权以来战争不断。作为少数民族政权，清代军事制度具有很强的民族特色，努尔哈赤创立八旗制度，逐步建立了由满洲、蒙古、汉军八旗组成的军队。从偏居一隅的地方政权发展到统一全域的中央政权，清王朝又组建了绿营兵，对明代军事制度兼收并蓄，不断改造、完善八旗军制，使得八旗制度既保持了满族的相对独立性又能够适应多民族统一国家的国情。

八旗兵是建立清王朝的主力部队，也是其巩固统治的军事基石，承担着拱卫京师和驻守战略要地的重要任务。八旗兵分为“禁旅八旗”和“驻防八旗”。驻守京师的八旗兵称为禁旅八旗，任务是守卫京师，宿卫扈从，各地征战。禁旅八旗又分为直接扈从皇帝的“郎卫”和拱卫京师的“兵卫”，兵卫则包含骁骑营、前锋营、护军营、火器营、健锐营和步军营，除骁骑营外，其他各营皆设统领统率。

健锐营为禁卫军之一，是由乾隆皇帝亲自督建的一支特种部队，因专习云梯又被称为“健锐云梯营”。乾隆皇帝说：“骑射国语乃满洲之根本，旗人之要务。”[2] 这不仅是要求八旗部队不要荒废骑马射箭等传统军事技艺，更重要的是将骑射作为一种民族传统与象征，发扬八旗兵勇敢顽强、锐意进取的尚武精神。健锐营就是这样一支具有精神旗帜作用的标杆部队，为清王朝南征北战立下汗马功劳，被乾隆帝赐匾“志喻金汤”，寓意其知方守节，意志坚定，无坚不摧。

1 邱心田、孔德骐著：《中国军事通史》第十六卷《清代前期军事史》，军事科学出版社 2005 年版，第 1 页。

2 [清] 长善等修：光绪十年广州龙藏街邵元阁刊印本《驻粤八旗志》卷首。

图 2

图 3

图 2　　碉楼（西德尼·戴维·甘博 拍摄）

图 3　　仿建碉楼

图 4

图 4　　周边现存碉楼

1

金川之战立奇功

健锐营的组建与乾隆时期平定大金川（今四川省金川县一带）的叛乱密切相关。清代中叶，大金川土司莎罗奔不顾四川地方官的劝阻和调解，企图吞并小金川及周边土司所辖之地。乾隆十年（1745年），莎罗奔诱执小金川土司泽旺，夺其印信。乾隆十二年（1747年）春，又发兵进攻明正、革布什咱两土司，展开大规模的攻掠。清廷派兵阻止，莎罗奔遂起叛乱，袭击清军。清军先后派出川陕总督张广泗、大学士讷亲等人，出征平定大金川之乱。

由于金川当地山高险峻，沟壑相连，易守难攻，当地土司还在险要路口及山涧沟谷等要塞砌筑了许多高大坚固的石碉楼，派兵把守，致使清军累攻不下，连受重挫。

乾隆皇帝读太宗皇太极实录，了解到当时攻城使用云梯，因此命仿其制，督促八旗精兵练习云梯攻城术，并于十三年（1748年）七月下诏，发挥八旗兵云梯攻城的特长，选拔少壮勇健之士三百余名，在香山地区仿建石碉多处，组建云梯兵，演习攻碉。

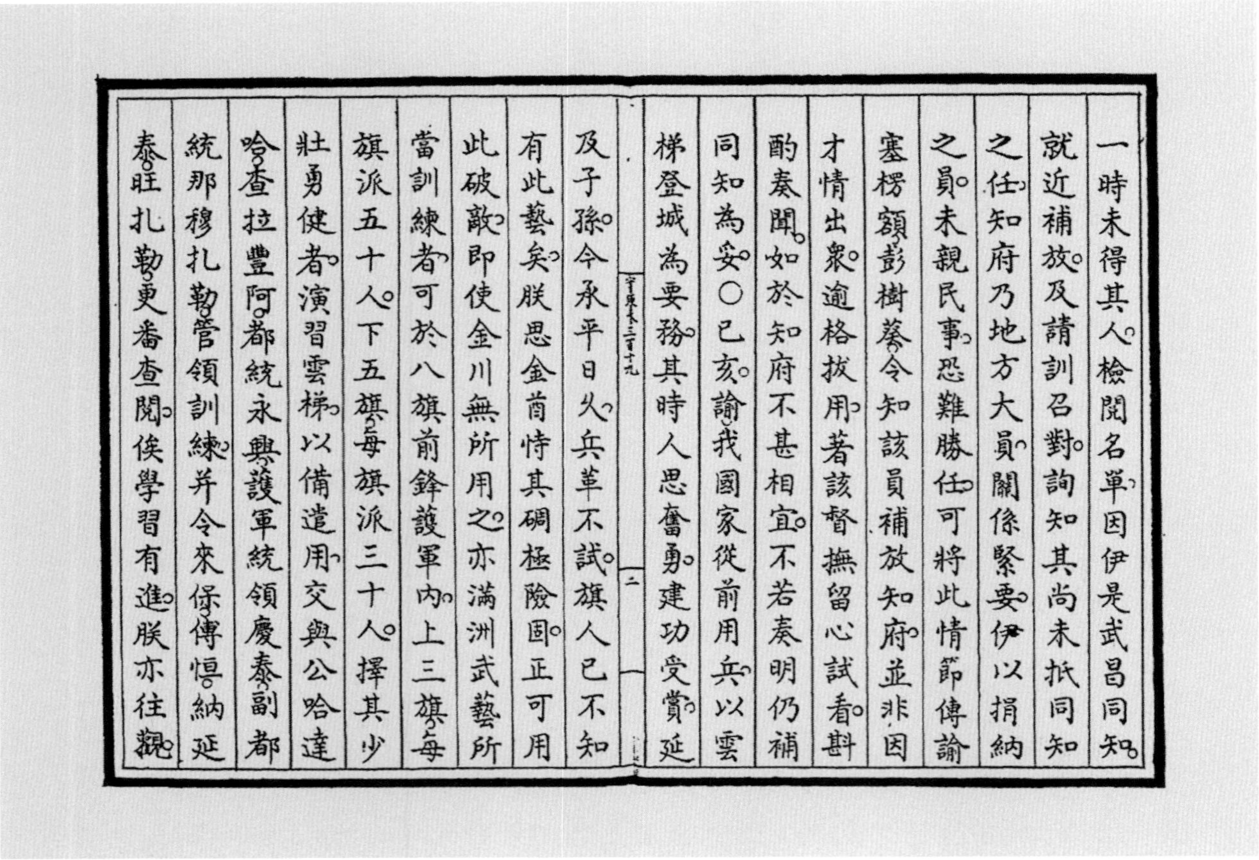

一時未得其人檢閱名單因伊是武昌同知
就近補放及請訓召對詢知其尚未抵同知
之任知府乃地方大員關係緊要伊以捐納
之員未親民事恐難勝任可將此情節傳諭
塞楞額彭樹葵令知該員補放知府並非因
才情出衆逾格拔用著該督撫留心試看斟
酌奏聞如於知府不甚相宜不若奏明仍補
同知為妥○己亥諭我國家從前用兵以雲
梯登城為要務其時人思奮勇建功受賞延
及子孫今承平日久兵革不試旗人已不知
有此藝矣朕思金酋恃其碉極險固正可用
此破敵即使金川無所用之亦滿洲武藝所
當訓練者可於八旗前鋒護軍內上三旗每
旗派五十人下五旗每旗派三十人擇其少
壯勇健者演習雲梯以備遣用交與公哈達
哈查拉豐阿都統永興護軍統領慶泰副都
統那穆扎勒管領訓練并令來保傅恒納延
泰旺扎勒更番查閱俟學習有進朕亦往觀

图 5

金川前线，由于中枢决策和前线意见不一，主帅张广泗与讷亲不和，加之张广泗轻信奸细良尔吉等言，致使前线接连战败，伤亡甚重，士气低落，官兵见碉而怯。乾隆皇帝大怒，问罪张广泗，革讷亲职，另授傅恒为经略、大学士，率领八旗劲旅奔赴金川前线指挥作战。

傅恒与讷亲一样，亦为朝廷贵戚，他的姐姐是乾隆帝的孝贤纯皇后，因此深得皇上的倚重。乾隆十三年（1748 年）末，傅恒率领云梯兵及其他兵将星夜兼程前往金川作战。

到达前线后，傅恒及时整顿军务，了解实情后重新报告给乾隆皇帝，结果实际情况和讷亲、张广泗报告的出入很大，乾隆皇帝大为震惊。傅恒先是让副将马良柱诱奸细良尔吉到邦噶山将其斩首，后使阿扣、王秋伏法，切断了莎罗奔的内应。乾隆皇帝称赞其果敢明断，斩杀敌寇、警示众番的做法大快人心。

图 5　乾隆十三年（1748 年）七月建云梯兵上谕（中华书局影印本《清实录 · 高宗纯皇帝实录》卷三一九）

臣惟攻碉最为下策，枪炮不能洞坚壁，于贼无所伤。贼不过数人，自暗击明，枪不虚发。是我惟攻石，而贼实攻人。贼于碉外为濠，兵不能越，贼伏其中，自下击上。其碉锐立，高于浮屠，建作甚捷，数日可成，旋缺旋补。且众心甚固，碉尽碎而不去，炮方过而复起。客主劳佚，形势迥殊，攻一碉难于克一城。

——中华书局 1977 年版《清史稿》卷三百一

傅恒及时调整张广泗和讷亲的安排，重新任用将领，亲自查勘金川地区的实际情况。两山坡相对并不大，险碉林立且有大兵，守卫森严。其命下属及时整理营盘整肃军纪，提出应调整之前集中兵力专攻碉卡的策略，奇正兼施，绕到敌后另辟蹊径，多路官兵一起进攻，出其不意制敌。傅恒亲自率领总兵哈攀龙、哈尚德等，进攻右山梁下的巴朗平碉及色尔力石碉，接连取胜。乾隆对其大加赞扬。乾隆十四年（1749 年）二月初四日，莎罗奔、朗卡于营门外除道设坛，翌日，率众归降。傅恒升帐受之。

乾隆十四年（1749 年）春，首次金川战事以清廷接受大金川土司的求降而结束，经略大学士奏凯还京，乾隆皇帝为其举行了盛大的凯旋迎接仪式，并勒碑、辑书记之。随征金川的云梯兵归来后也受到奖赏，训练科目也增加了火铳、刀、鞭、弓箭及骑射、水操等。

2

从云梯兵到健锐营

云梯兵随征金川立功，因此，乾隆皇帝下令将云梯兵专设一营，演习技艺，建成精锐部队，以备不时之需。若皇帝行幸，则令他们随往围猎，学习行走。所以，大军凯旋之日，云梯兵不必回本营，于香山地区组建健锐营，由大臣数人管辖操练，特简大臣一人总统。

在《大学士领侍卫内大臣傅恒奏条陈设立满洲云梯健锐营各项事宜折》中，大学士傅恒等奉乾隆皇帝上谕组建健锐营，奏报了健锐营设营、训练、行走、施恩、升转等事项，请皇帝批示。

《大学士领侍卫内大臣傅恒奏条陈设立满洲云梯健锐营各项事宜折》译文[3]：

乾隆十四年四月二十五日

大学士、领侍卫内大臣、忠勇公，臣傅恒等谨奏，为遵旨议奏事。乾隆十四年三月十九日上谕，去年因金川用兵使用我满洲云梯，攻打城池时思旧俗，挑选八旗前锋护军内一千少长忠善之士，特意由诸官拣出训练。因此挑出之众人努力学习，一月之中俱学得好。前已派遣金川之兵，立功者以后将撤回。若是将此照旧陆续撤回至原军营当差行走，恐会荒废其先前之训练。我满洲旧俗常被弃置，将此常在军营传习，俱可为精锐，紧急使用即对我有利。于所有出外行走之时，召众人练习打围，甚好。俟回军之日，不必令回本营，专设一营。特拣旺札勒、扎拉丰阿、班第、恒禄、德保、达青阿管理训练，大学士公傅恒总管。如何设营、训练、亲身出外行走之事，如何使之跟随行走，如何施恩得升转之路等事，大学士、外阅训练官员应共同尽心议奏，钦此。

臣等集议，军备者，国家要事。我满洲兵是重中之重，必定在平时练习各样才能成为精锐后，紧急使用可有利，才能与诸满洲之道相符。习云梯者一千兵。圣虑尽心，从八旗中前锋营、护军营内查选少长之能士。特意选出之众臣，尽心操练、学习。既然众兵俱将成为精锐，将此撤回以后，若仍送回原军营，属实荒废他们从前所习，满洲旧俗亦被荒废。现今圣主施恩，为这些兵另选军营操练等旨，清楚思虑甚是周到。为此诸兵感激主子之恩，必定各怀勉励，勤奋操练士风，都成为精锐之士。事情属实大有裨益，因此臣等奉旨，为众另选军营承接操练。上言在外行走之事，如何学习跟随办事，如何承恩得升迁之路，定当尽力查验之事内，依次条陈谨奏。

一，为练习云梯之一千名兵另建兵营及操练事。选出参领、佐领作为云梯兵管理者。经查，在管理操练一千名云梯兵者中，已挑选翼长四，参领十六，护军校四十六。今既已特意挑出管事者，臣查后奏。将一千名兵分为两翼，从每翼中各挑选一个军营之首使为总管。八旗护军营内选参领八，护军校四十，选出此为军营之首、参领、护军校，系操练云梯之兵营大臣。再者，从京城之参领、护军营内善士查明分辨，挑得能办理者，不能将出众者各自包含于原有军营之事中行走，选出者居置于参领、护军校之位。习云梯者一千名兵俱均匀分配至每旗一百二十五名。今若有优长者、陆

3 据中国第一历史档案馆藏满文《大学士领侍卫内大臣傅恒奏条陈设立满洲云梯健锐营各项事宜折》翻译。

图 6

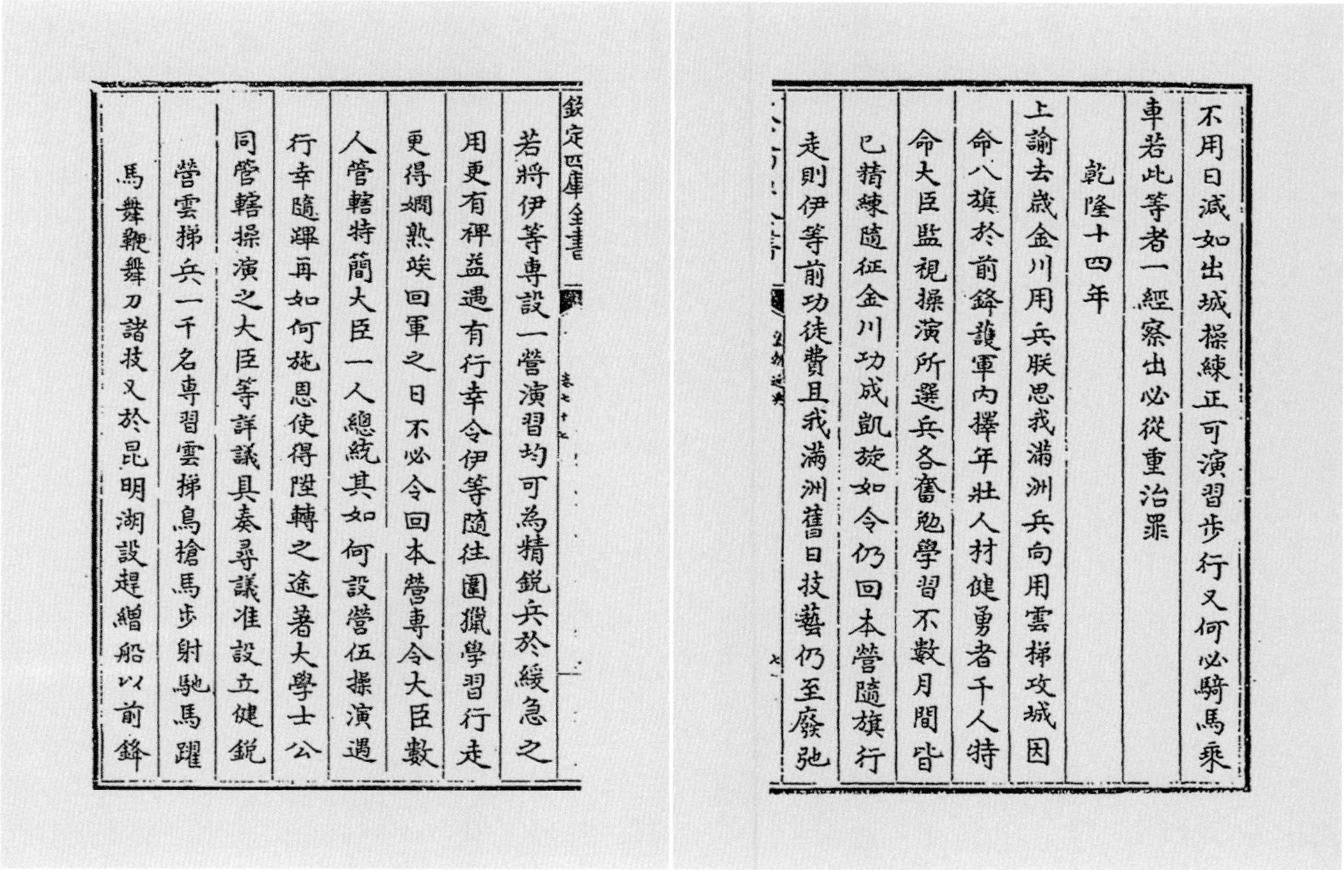
欽定四庫全書 卷七十七

若將伊等專設一營演習均可為精銳兵於緩急之
用更有裨益遇有行幸令伊等隨往圍獵學習行走
更得嫻熟俟回軍之日不必令回本營專令大臣數
人管轄特簡大臣一人總統其如何設營伍操演遇
行幸隨蹕再如何施恩使得陞轉之途著大學士公
同管轄操演之大臣等詳議具奏尋議准設立健銳
營雲梯兵一千名專習雲梯鳥槍馬步射馳馬躍
馬舞鞭舞刀諸技又於昆明湖設趕繒船以前鋒

不用日減如出城操練正可演習步行又何必騎馬乘
車若此等者一經察出必從重治罪
乾隆十四年
上諭去歲金川用兵朕思我滿洲兵向用雲梯攻城因
命八旗於前鋒護軍內擇年壯人材健勇者千人特
命大臣監視操演所選兵各奮勉學習不數月間皆
已精練隨征金川功成凱旋如令仍回本營隨旗行
走則伊等前功徒費且我滿洲舊日技藝仍至廢弛

续有因伤出缺者，由少缺之旗众补得，此为得处。先前下属军营之本旗内得，本旗之人若未得，查由本营之他旗众兵之弟内已成年者补得。又若本军营之人未得，从京城原旗内得。出缺者从本旗内得人补后，已出缺者之后得补偿。

一，挑选军营之首、参领、护军校。臣属下前锋统领、护军统领等共同商议，军营之首大约从八旗参领内选。参领、护军校从各自旗内选，俱带领引出见。自此以后，已出缺后俱从属下军营内挑选。若军营之首出缺，从护军参领内挑选；若护军参领出缺，从副护军统领内挑选；若副护军统领出缺，从护军校内挑选；若护军校出缺，分别从本旗前锋、护军内挑选。此属下军营之应升缺，从旗外、外省的应升缺补，常常从京城各自属下旗的参领、护军校中选，臣等应大略选出，兵中得诸护军校之缺者后从速补护军校缺。再从应升外省缺中升用。参领、护军校等内若不能管理，或若有勤善尽心者，或题参治罪品行差者，之后退回至原兵营。

一，承接此千名兵之其他军营系静宜园建房之地。尚书三和奉上谕办理外，将其迁移居住。军营之首、护军统领等得十三间房，副护军统领等得十间房，护军校等得六间房，众兵等得三间房。再，既然需将该被迁移之处迁移整理，亦依例迁移驻守圆明园的兵，军营首领每人赏五十两银子，护军参领每人四十两银子，副护军参领每人三十两银子，护军校每人二十两银子，前锋营、护军营每人八两银子。此后已缺官兵之缺，若本营之人未得，或从京城移补，亦据此赏。

图 6　乾隆十四年（1749 年）建健锐营上谕（文渊阁《四库全书》本《皇朝通典》卷七十七）

一，应得俸禄。平日依例得钱粮的圆明园官兵俱由各自牛录处支取以外，俱应从圆明园库中得例米。

一，护军校、众兵内的红白事应得恩银，常从各牛录内得银外，轮班、行差、训练、修补器械、呈递新物，所有俱系用项。仰承圣恩，从内库赏孳银七万两，请用得利息银赏众兵。此项之银，若交付云梯训练营之众参领办理，则能办理之人得难，拖延兵丁训练之事。圆明园有钱粮库，这类银即可交付圆明园之库。臣傅恒、尚书三和集议。选出圆明园善官能吏，各得二份利息，查得应孳生利息，将得利息藏于圆明园之库，用时取用。到年底后，一年所用数额报告至臣等，臣详查销算，如此不延误兵丁训练事，也可详查银两。如何鼓励赏赐众兵、得廪给、尚未能迁移官兵时如何赔补为首者自己之银、暂不能确定将此迁移后大概情况，如何应做之处，再应查办。

一，训练众兵之处。射箭、骑射、放枪、国语，甚属重要，俱应好好学习训练，得空练习。另，训练各兵之术，为训练所在。在静宜园的潭进班之众人以外，余者编入三班轮班训练。举荐六官为管理训练者，每日出去一次，轮流回来查看训练。班值射箭之官，若得有其它差使，不能看管训练，属下军营之首等即看管训练。因何故无法看管训练之事，记录在档。应用旌旗、枪、火药、云梯等物时，俱依圆明园各属地之例得用。练习国语事，从勇士内挑选出国语好的十人。若确实学得好，三年后可为属下军营之首，领实掌保卫臣等之官职，应升之处进名。若确实不想学习，此后退回原处，他人得缺。国语练习从此刻开始。其中尚未得到建造定居之房屋者暂停习国语，暂安置在原军营，待建造房屋全部得到安置妥当后，再练习。

一，若遇皇上野外出行。已知此系轮班出外训练围猎，此出行事，十份内派出京城的兵六份，健锐营兵四份。在外之粮食、接济银俱依例得。

一，静宜园之兵既已迁移驻扎，圆明园之兵则停止驻守。皇上驻跸静宜园之事，除了旧有的照例外，应增加的驻守之地俱由圆明园兵护卫。

一，去年应办理操练云梯兵事处侍卫、笔帖式等俱受理，已用领侍卫内大臣之印。今既然其它军营已接受，另行铸给关防六位大臣内，拿来考虑等级，查看编写关防之字样与大臣符合，另行查奏，经皇帝训示后，交于属部铸造。从众兵内挑选会写字者、通晓日常事务者掌笔帖式印，一切升转事俱由圆明园笔帖式依例办理。

一，查在圆明园之营，每营十六名护军校以外，有十六名副护军校缺。今训练学习此众，应查明以稍微鼓励。求圣恩，圆明园之副护军校依例赏空蓝翎四十。众兵内若有男子品行勤善者，查选后大臣头戴翎。众兵若受连续褒扬，本人不验看即升副护军校，亦无需查核即赏花翎。

一，众兵在外骑射行走事所需之所有马匹，从官马中挑选一千匹交八旗八个马厂，选能干之官兵拴养，以备众兵练习骑射之事。勿粗鲁带出这些拴好的马。若练马有余银，酌情选马习各项骑射，备用立马伎等事。

以上诸项应否之处咨行圣主清鉴，下谕后谨遵行，为此谨奏。

乾隆十四年四月二十五日奏，遵旨依议。

奏折陈述了征金川一千名云梯兵回京设专营，平均分至八旗，挑选翼长四名，参领十六名，以静宜园为中心，修建营房等内容。还包括俸禄、恩银、训练日常用钱的支取及分配；训练、值守、扈从的人员安排以及训练项目、关防铸造、国语学习、将士升迁、马匹饲养等诸多事宜。

健锐营驻扎在香山地区，编制不断扩充，陆续修建营房九千余间，及印房（官署）、八旗官学、演武校场等，成为八旗中的一支特种部队。据《清史稿》记载，健锐营编制有三千八百余人，兼设水师营。

乾隆年间健锐营营房建造一览表

时间	建造营房（间）	建造类型
乾隆十三年	3510	翼长、前锋参领、前锋校、前锋住房，印务公房，碉楼等。
乾隆十九年	2128	委前锋参领、委前锋住房等。
乾隆二十九年	3484	前锋参领、副前锋参领、前锋校、前锋住房等。
乾隆五十六年	216	委署翼长、委前锋参领住房，官房、堆房等。

根据《钦定八旗通志》整理

3

旌旗猎猎展雄威

健锐营校场及演武厅位于健锐营正黄旗南，乾隆十四年（1749 年）建，是健锐营合练及接受皇帝检阅的地方。据史料记载，有清一代，乾隆、嘉庆、道光三代皇帝共亲阅健锐营兵三十余次。乾隆皇帝对健锐营格外关怀，每次阅兵后都即兴赋诗。

乾隆二十六年夏四月庚寅，上阅健锐营兵。

乾隆四十三年三月乙亥，上阅健锐营兵。

乾隆四十四年夏四月己卯，上阅健锐营兵。

乾隆四十七年夏四月丁亥，上阅健锐营兵。

乾隆五十年夏四月壬辰，上阅健锐营兵。

乾隆五十三年夏四月丙午，上阅健锐营兵。

乾隆五十五年九月己丑，上阅健锐营兵。

乾隆六十年九月己未，上阅健锐营兵。

嘉庆九年夏四月己巳，上阅健锐营兵。

嘉庆十年三月丙午，上阅健锐营兵。

嘉庆十一年夏四月辛卯，上阅健锐营兵。

嘉庆十二年夏四月丙戌，上阅健锐营兵。

嘉庆十五年夏四月丁酉，上阅健锐营兵。

嘉庆十七年夏四月丙辰，上阅健锐营兵。

嘉庆十九年四月乙亥，上阅健锐营兵。

嘉庆二十年夏四月己巳，上阅健锐营兵。

嘉庆二十二年夏四月丁亥，上阅健锐营兵。

嘉庆二十四年夏四月庚辰，上阅健锐营兵。

道光三年三月甲午，上奉皇太后阅健锐营兵。

道光四年二月丁亥，上阅健锐营兵。

道光十一年夏四月戊子，上阅健锐营兵。

道光十二年闰九月丁亥，上简阅健锐营兵。

道光十四年九月庚午，上阅健锐营兵。

道光十六年九月庚子，上阅健锐营兵。

道光十八年九月丁未，上阅健锐营兵。

道光十九年九月辛丑，上阅健锐营兵。

道光二十七年冬十月乙丑，上阅健锐营兵。

光绪二十四年闰三月甲戌，上侍皇太后幸外火器营教场，阅火器、健锐、神机三营及武胜新队操，凡三日。

——中华书局 1977 年版《清史稿 · 本纪》卷一二至卷二十四

乾隆在阅武后，经常给八旗官兵以鼓励和奖励，颁发银两，赐食和准允观赏歌舞表演，以表示对这支机动精锐部队的特殊关照。自立健锐营于此，乾隆每次来香山亲阅各兵技艺，分别赏赉，既示奖励，亦资旗人生计耳。

清代徐扬所作的《健锐营演武图》清楚地描绘了演武大校场上八旗阵列，军旗飘扬，士兵们在将领的指挥下进行合练，接受皇帝及王公大臣们检阅的场景。

健锐营操演分合应变阵式：总令旗一展，海螺齐吹，搭立云梯，呐喊攻城。楼下演放连环鸟枪。俟云梯立妥，爬梯兵即上，鸟枪止演。爬梯兵演毕，吹海螺，撤梯进楼门。总令旗再展，海螺齐吹，大队海螺接吹，抬枪队、鸟枪队按八行方阵式，先演九进一连环，变为一字长阵，接演三进一连环。白旗一展，舞长矛兵呐喊齐出，互相击刺。蓝旗一展，交冲马队呐喊交冲，接演幼童小过堂。黄旗一展，演大马箭、小马箭。红旗一展，演大马枪、小马枪。接演射步箭、舞鞭、舞刀、骗马、跳马、跳驼。

——《健锐营演武图》题字

大阅是皇帝检验部队训练成果、考察部队战斗力的隆重的阅兵仪式。早在天聪年间，皇太极就曾举行过大

图 7　　健锐营演武图

阅。顺治十六年（1659 年），福临谕称：“大阅典礼，三年一行，永著为例。”[4] 到了康熙年间，多次举行大阅，仪式越来越隆重。雍正六年（1728 年），对大阅的官兵数目、器械、营伍都作出规定，受阅队伍要列阵按序前进。作为清朝军事史上一支英勇善战的精锐部队，健锐营曾多次参与校阅。除了接受皇帝在健锐营校场的亲阅之外，健锐营还经常参加大阅典礼。下文记载了健锐营在大阅队列中的具体位置。

凡大阅，前期则请旨。（大阅每届三年，具奏一次。得旨乃行知各衙门豫备。）既陈。（大阅之制，武备院张帐殿于阅武台，设御座于正中，设御营于帐殿后，设御用甲胄弓矢于御营内。阵后分左右翼立营，左翼汉军火器四旗立四营，满洲火器四旗立四营，前锋四旗立一营，护军四旗立四营，骁骑四旗立四营，右翼如之。左翼之末，健锐营官兵立一营，右翼之末，外火器营官兵立一营，共立三十六营。）

——光绪朝《钦定大清会典》卷四十三

乾隆二十八年（1763 年），乾隆皇帝与回部诸使臣共同观看健锐营、火器营、前锋营、护军营及汉军合练枪炮阵法。根据《钦定大清会典事例》卷七百零六记载，此次大阅的命令虽然仅是在前一日晚传行，但诸营将士官兵听传即往，训练有素，操演现场令乾隆非常满意，著恩嘉奖。清弘旿绘制的《阅武楼阅武图卷》描绘了这次大阅的真实场面，画的右上角有乾隆皇帝题诗《御制阅武楼阅武因成六韵志事》。

乾隆四十一年（1776 年）又在西苑校场增建了阅武楼。阅武楼是城楼式建筑，坐北朝南，巨石台基上的砖砌城台开有三间券门，城台上建有城楼。乾隆皇帝为阅武楼题写了匾额“诘戎扬烈”，并题写了楹联“辑宁我邦家，以时讲武；懋戒尔众士，于兹课功”。次年正月初九日，乾隆皇帝首次登上阅武楼，在西苑校场举行了八旗兵大阅。

嘉庆朝，皇帝于南苑大阅，则有如下记载：头队为八旗前锋营、护军营将士，且按翼排列于两侧；次队为骁骑营将士，排列在头队之后；两翼队交汇处排列以健锐营和外火器营将士，左翼为健锐营，右

4　[清] 乾隆敕撰：《皇朝通典》卷五十八，文渊阁《四库全书》本。

图 8

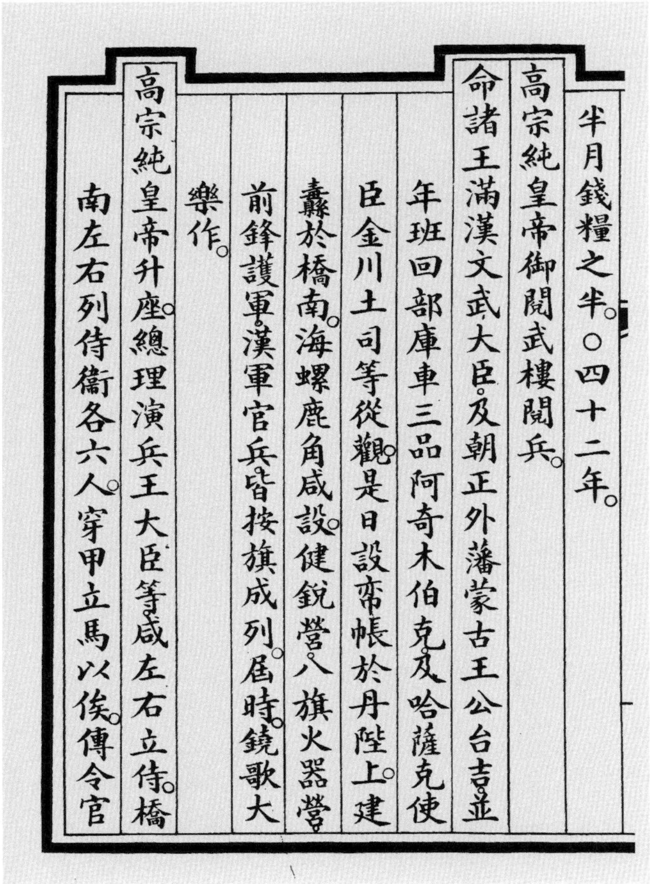

半月錢糧之半。四十二年。
高宗純皇帝御閱武樓閱兵。
命諸王滿漢文武大臣。及朝正外藩蒙古王公台吉並
年班回部庫車三品阿奇木伯克及哈薩克使
臣金川土司等從觀。是日設帟帳於丹陛上。建
纛於橋南。海螺鹿角咸設。健銳營八旗火器營
前鋒護軍漢軍官兵皆按旗成列。屆時。鐃歌大
樂作。
高宗純皇帝升座。總理演兵王大臣等咸左右立。侍橋
南左右列侍衛各六人。穿甲立馬以俟。傳令官

翼为外火器营。每翼分别有营官三十七人、兵丁三百一十三人，骑马排列。等到鹿角打开后，头队和次队，前锋、护军等都各自开出鹿角外，两翼交汇处的官兵，即健锐营和外火器营的官兵也备马驻立。左翼健锐营于镶白旗号纛下驻立，外火器营则于镶红旗号纛下驻立。等到头队官兵鸣螺前进，各至原处排列后，健锐营和外火器营官兵才行交错。

除皇帝亲自检阅外，清代还有多种阅兵方式，其中之一就是钦派官员检阅，由练兵处、兵部奏请皇帝，钦派知兵大臣数员前往阅兵。阅兵内容有“军容、军技、军学、军器、军阵、军律、军垒各项”。旗营内也会组织校阅，从七月开始操练，到次年的四月间，都会在九门外设立校场，将军、都统、副都统检阅骑射枪炮，排以优劣名次来进行赏罚。春秋之时会有京外旗营共同操练，和京营相同。若遇启驾巡幸行围以后，则按三、八日期操演。凡是校阅，每年自七月十六日开操，至次年四月十六日止。若遇闰七月，即于闰七月十六日起，其封、开印信日暂停。

图 8　乾隆四十二年（1777 年）高宗于阅武楼阅兵（光绪朝《钦定大清会典事例》卷七百零六）

健锐营都统每年会检阅营兵训练情况。健锐营八旗每旗每半个月合练一次，全营每月合练一次。全营八旗合练场面非常壮观：合练伊始，执纛营兵及左右两翼大纛旗，各旗前锋枪手、炮手、执刀手站定，检阅官按序入场，总统将军入座中军帐，校场鸣军炮三声，主将台上螺号兵分两队在两面黄色大纛旗前站立吹螺号，大军中的螺号一起响起，声势非凡，待螺号停吹，两翼枪炮头队、二队、翼队按镶黄、正黄、正白上三旗，镶白、正红、镶红、正蓝、镶蓝下五旗各自位置排好，随后鼓起，各旗、各队的枪手、炮手、弓箭手、骑手出列，按序从中军将台前通过。每旗列队表演多分左右。两队人马进教场后在将台前站定，左右两队各有小炮一门，以镇殿后，表演开始，两队列队行走、互换位置，往返数次，回原位。这时，本旗的头队、二队、殿后兵随螺号声冲进教场一顿拼杀。最后在螺号、炮声中结束。[5]

清代各种形式的检阅，对提高健锐营士兵的技战术水平，增强纪律，起到了一定的促进作用。大阅典礼的举行是国家军事实力的综合反映，不仅是对健锐营八旗士兵训练成果的检阅，也彰显了清政府维护国家统一和边疆安定的决心和意志，显示出健锐营校场在清朝政治军事中的重要地位。

5 常林、白鹤群著：《北京西山健锐营》，学苑出版社 2006 年版，第 132 页。

第二节

健锐营建制

健锐营成立以后，以兵制与官制为主要内容的健锐营建制开始形成并得以完善，健锐营建制的确立保证了这支部队的日常训练以及日后的发展壮大。

1

健锐营官制

乾隆十四年（1749 年），设健锐营。健锐营设总统大臣，以王公大臣兼任，率领两翼长。左右翼翼长各一人。八旗前锋参领每旗各一人，副前锋参领各二人，前锋校、委署前锋参领各四人。乾隆十五年（1750 年），健锐营设水师，水师营初设时调外省教习把总十人，水手一百一十名，由天津、福建各水师营选送。天津选送把总四人，水手四十四名，福建选送把总六人，水手六十六名。乾隆十八年（1753 年）增设前锋校各五十人，副前锋校各四十人，笔帖式各四人，蓝翎长各五十人，前锋共一千名，委署前锋一千名，并增设养育兵。乾隆二十八年（1763 年）增设前锋参领二人，副参领八人。乾隆三十五年（1770 年）简前锋参领二人为委翼长。乾隆三十九年（1774 年），增蓝翎长五十人。乾隆四十一年（1776 年），金川番子徙京，置佐领、骁骑校各一人。乾隆五十三年（1788 年），增番子骁骑校、防御各一人。另外，设立总理行营大臣六人，宗室、蒙古王大臣兼任。掌行营政令。巡幸前期，考其日月行程，以定翊卫扈从，并稽察各营翊卫官兵。所辖办事章京十有六人。护军参领兼充。乾隆十五年（1750 年），铸给健锐营银关防。乾隆五十年（1785 年），健锐营每旗各添设委署前锋参领一员，又奏准铸给健锐营印信，将旧关防销毁。《清史稿》记载了健锐营传事关防及翼长铜关防的形制及尺寸。

总管云梯健锐营八旗传事银关防，直纽，长三寸二分，阔二寸。俱清、汉文柳叶篆。

护军统领、参领、协领、云梯健锐营翼长、各处总管铜关防，长三寸，阔一寸九分。俱清、汉文殳篆。

——中华书局 1977 年版《清史稿》卷一百四

健锐营官制一览表

此外，另有协理事务章京、笔帖式、番子营佐领、清书教习、水师千总、把总、教习等。

- 总统大臣（掌印总统大臣）一品
  - 左翼长（正三品）、署翼长（正三品）
    - 镶黄旗 — 前锋参领（正三品）— 副前锋参领（正四品）
    - 正白旗 — 前锋参领（正三品）— 副前锋参领（正四品）
    - 镶白旗 — 前锋参领（正三品）— 副前锋参领（正四品）
    - 正蓝旗 — 前锋参领（正三品）— 副前锋参领（正四品）
  - 右翼长（正三品）、署翼长（正三品）
    - 正黄旗 — 前锋参领（正三品）— 副前锋参领（正四品）
    - 正红旗 — 前锋参领（正三品）— 副前锋参领（正四品）
    - 镶红旗 — 前锋参领（正三品）— 副前锋参领（正四品）
    - 镶蓝旗 — 前锋参领（正三品）— 副前锋参领（正四品）

委署前锋参领（从五品）—— 前锋校（从六品）—— 副前锋校 —— 蓝翎长 —— 前锋 —— 委前锋 —— 养育兵

委署前锋参领（从五品）—— 前锋校（从六品）—— 副前锋校 —— 蓝翎长 —— 前锋 —— 委前锋 —— 养育兵

委署前锋参领（从五品）—— 前锋校（从六品）—— 副前锋校 —— 蓝翎长 —— 前锋 —— 委前锋 —— 养育兵

委署前锋参领（从五品）—— 前锋校（从六品）—— 副前锋校 —— 蓝翎长 —— 前锋 —— 委前锋 —— 养育兵

委署前锋参领（从五品）—— 前锋校（从六品）—— 副前锋校 —— 蓝翎长 —— 前锋 —— 委前锋 —— 养育兵

委署前锋参领（从五品）—— 前锋校（从六品）—— 副前锋校 —— 蓝翎长 —— 前锋 —— 委前锋 —— 养育兵

委署前锋参领（从五品）—— 前锋校（从六品）—— 副前锋校 —— 蓝翎长 —— 前锋 —— 委前锋 —— 养育兵

委署前锋参领（从五品）—— 前锋校（从六品）—— 副前锋校 —— 蓝翎长 —— 前锋 —— 委前锋 —— 养育兵

根据《钦定八旗通志》整理

2

健锐营兵制

健锐营的士兵称前锋，除了前锋还有委前锋，相当于后备军；正规军之外，旗内少年还会组成养育兵，超过一定年龄的健锐营子弟经过选拔可以加入养育兵，成年后的养育兵可以应考委前锋，成为健锐营的正式士兵。

健锐营始建之时，共有云梯兵千名。其中上三旗有五百名，其中一旗有一百六十六名，剩下两旗分别有一百六十七名。下五旗也有五百名，每旗各一百名。乾隆十七年（1752年），健锐营又增设养育兵百名，其中上三旗五十名，下五旗五十名。乾隆十八年（1753年），又增设署前锋马甲一千名，乾隆二十八年（1763年）增设护军一千名。乾隆三十六年（1771年），增加养育兵三百六十七名，嘉庆十年（1805年）又增加一百八十三名，嘉庆十一年（1806年）为了建造营房又增加一百五十名养育兵。道光二十一年（1841年）裁撤健锐营掼跤等二百二十名，改添抬枪二百名。[6] 综上，健锐营一共有正式兵员三千人，这三千人中，分前锋二千人、委前锋一千人。另有养育兵共约八百人。

乾隆四十一年 (1776年)，金川平定，金川降民进京后，组建了一支由在大、小金川战争中投降的嘉绒藏族军士及其后裔构成的番子营。乾隆五十三年 (1788年)，所委各官员的职责分别是："总统掌左、右翼健锐营政令，遴前锋、护军习云梯者别为营，以时训练其艺。大阅为翼队。会外火器营交冲，并督水军习战。翼长各官掌董率营卒。番子佐领掌督摄番兵。水师千、把掌教驾船驶风，演习水嬉。"[7]

6　[清]昆冈等修：光绪朝《钦定大清会典事例》卷一一六八。

7　[清]赵尔巽等撰：《清史稿》卷一百十七，中华书局1977年版，第3378页。

健锐营还有不断完善起来的一套补缺制度：全营官兵缺额，在本旗营里依次挑补。乾隆十四年（1749 年）议定：健锐营前锋缺，于委前锋里选补；委前锋缺，在养育兵和闲散壮丁及在京各旗马甲养育兵内遴选；养育兵缺，于壮丁内选补。补缺时，一般要经过验缺、挑缺和再挑缺三道关口，才见分晓。又规定，健锐营官校缺额时，也是从本旗营内逐级选拔。翼长有缺额，在本营参领内遴选；参领员缺，从副参领里遴选；副参领员缺，由署参领内遴选；署参领员缺，由前锋校内遴选；前锋校员缺，在副前锋校、笔帖式内遴选。以上均由总统大臣拟定正、陪引见补授。副前锋校有缺额的话，由总统大臣于笔帖式、什长内选补；笔帖式、什长缺，则从前锋内选补。

《钦定大清会典事例》中详细记载了健锐营官兵住房、俸饷、官马配给等情况，可以看出乾隆皇帝对健锐营尤为优待，恩赏高于普通八旗。

乾隆十五年奏准，健锐营八旗官兵住房，左翼在东，右翼在西。翼领、参领各给官房十三间，署参领八间。前锋校六间。前锋三间。委前锋二间，俸饷优恤。

二十五年议准，留直省喂养马一千匹交健锐营喂养。

三十九年奏准，健锐营设立官马通融余剩孳生银两，陆续收过息银，并借支蠲免与实存数目，嗣后每年照例奏闻一次。

——光绪朝《钦定大清会典事例》卷一一六八

图 9　　健锐营八旗

3

健锐营训练

健锐营日常训练内容主要以演练云梯为主，除此之外还有水操、鸟枪、马术、射箭、鞭刀等技艺的训练。

演云梯大队和三枪训练，每月六次，分别在初四、初九、十四、十九、二十四、二十九日。相扑、骗马、过马三枪三箭、舞鞭、舞刀训练，每月六次，分别在初二、初七、十二、十七、二十二、二十七日；马步射、鸟枪训练也是每月六次，时间分别在初一、初六、十一、十六、二十一、二十六日。鸟枪训练一般安排在仲春和仲秋时节，每个季节各训练十二日，每日操练五次。其余时间士兵于各旗营区内校场练习马射、步射及鸟枪施放。

乾隆十五年（1750 年），在昆明湖增设水军，练习水战、驾船。水军操演时间及规模在《钦定八旗通志》有详细记载：

> 恭遇驾驻圆明园，自三月初一日起，每日左右翼轮流演水战，用船四。逢八日期大操，用船八。若遇启驾巡幸行围以后，则按三、八日期操演。凡较（校）阅，每年自七月十六日开操，至次年四月十六日止。若遇闰七月，即于闰七月十六日起，其封、开印信日暂停。
>
> ——吉林文史出版社校点本《钦定八旗通志》卷三十九

健锐营作为一支特种部队，其建立的初衷即始于云梯训练，可以说是因云梯而设营。乾隆皇帝得知金川地势险峻、碉楼林立，苦思良计，命人在香山仿建石碉，制造云梯，挑选各营精锐士兵在此训练云梯攻碉，后随大学士傅恒出征金川。乾隆皇帝在香山设立健锐营之后，在营区修建了碉楼 68 座，用于士兵训练。

> 选前锋之习云梯者别为营。乾隆十四年金川凯旋，以八旗兵习云梯者设为专营，是为健锐营。
>
> ——光绪朝《钦定大清会典》卷八十八

因此云梯演练是健锐营官兵训练的最重要内容，具体来说，包括飞架云梯、飞跃碉楼、抢占制高点等。根据健锐营后人回忆：云梯训练时，攻方先把四丈多长的云梯放在远离碉楼的地方，梯子的每个支撑处两侧各站

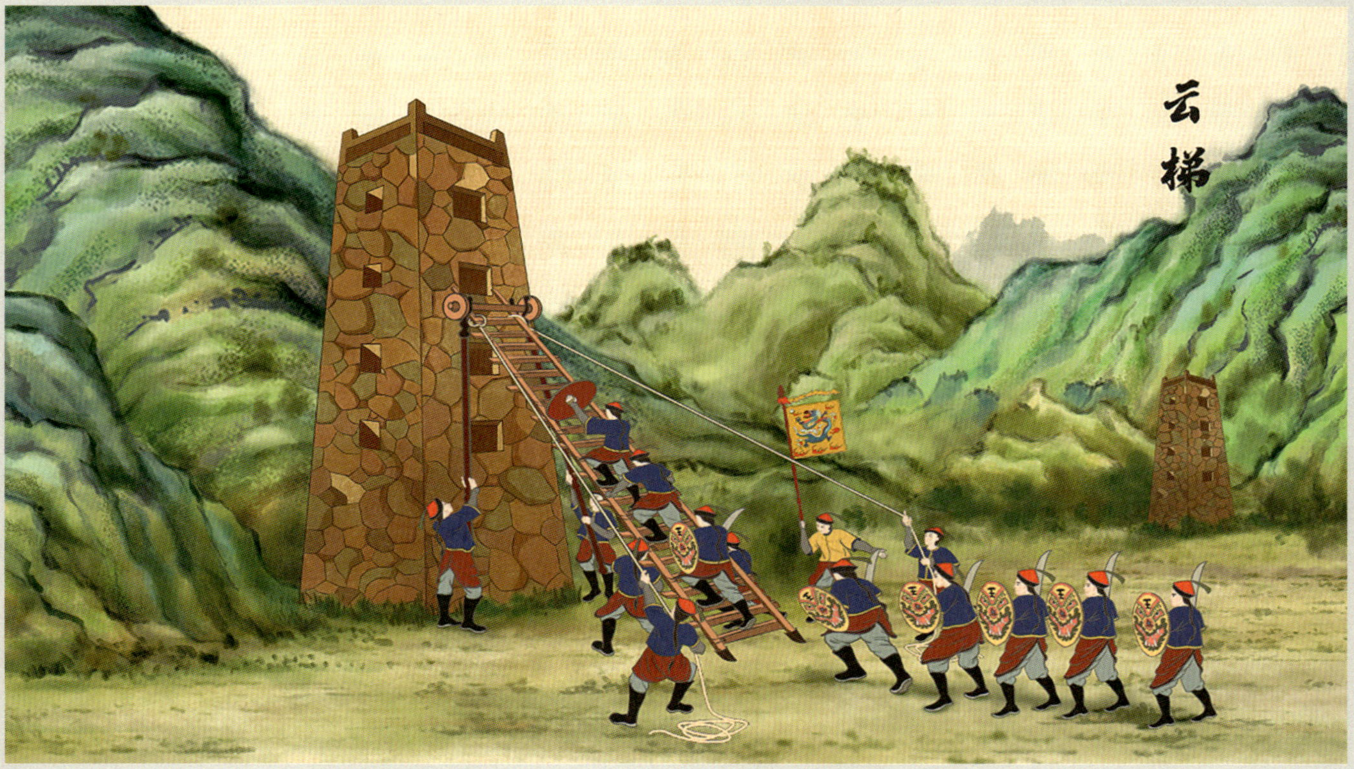

图 10　士兵训练组图

相扑

舞刀

马射

马上三枪

过马

骗马

步射

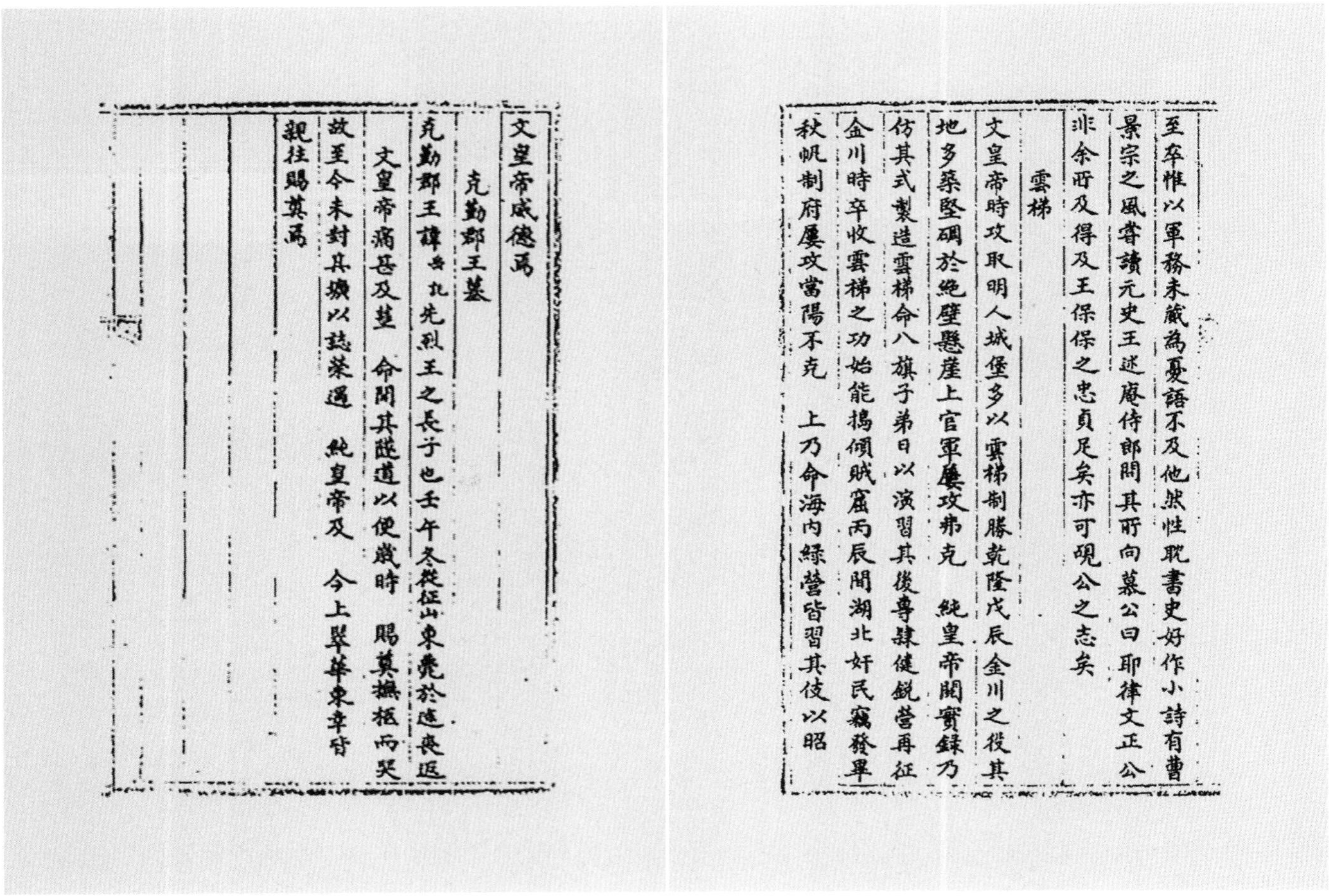

至卒惟以軍務未蔵為憂語不及他然性耽書史好作小詩有曹
景宗之風嘗讀元史王述庵侍郎問其所向慕公曰耶律文正公
非余所及得及王保保之忠貞足矣亦可覘公之志矣

雲梯

文皇帝時攻取明人城堡多以雲梯制勝乾隆戊辰金川之役其
地多築堅碉於絶壁懸崖上官軍屢攻弗克　純皇帝閲實錄乃
仿其式製造雲梯命八旗子弟日以演習其後專隸健鋭營再征
金川時卒收雲梯之功始能搗傾賊巢丙辰聞湖北奸民竊發畢
秋帆制府屢攻當陽不克　上乃命海内緑營皆習其技以昭

文皇帝威德焉

克勤郡王墓

克勤郡王諱岳託先烈王之長子也壬午冬從征山東薨於途喪返
文皇帝痛悼及甚　命開其隧道以便歲時　賜奠撫柩而哭
故至今未封其墳以誌榮遇　純皇帝及　今上翠華東幸皆
親往賜奠焉

图 11

图 11　演练云梯的历史（结一庐本《啸亭杂录》卷二）

有一个兵丁，约 22 名。云梯的后面还有 30 名营兵，他们手执利刀，腰缠九节鞭，等候命令。待前锋参领一声号令后，只见梯子两侧的营兵一齐将梯子抬起，向碉楼冲去。当云梯的顶端靠在碉楼顶部时，只见梯子后面的 30 名营兵，一个接一个的攀梯而上，底下的营兵则大声呼喊，以壮军威。转眼间，楼顶上已有营兵，他们在楼顶上舞刀高呼，以示占领敌方阵地。但每当全营会操时，各旗之间要进行争先赛，故攻楼战技项目多由两个以上的旗营营兵参加，从中评出胜负，胜者与其他旗营胜者再决一雄雌。[8]

云梯在大小金川战役中发挥了极其重要的作用。当时大小金川地区地势险要，又以高碉防守，易守难攻。而健锐营的战士正是借助了云梯，才能在最短的时间内登上碉楼，最终取得战争的胜利。

第二次金川战争期间，健锐营云梯再次发挥决定性作用。乾隆皇帝在上谕中肯定了健锐营充分发挥云梯训练的成果，在攻克甲尔纳、堪布卓沿河各碉寨时立下了头功，并予以嘉奖。他认为此战夺取沿河要塞，为进剿勒乌围提供了坚实的基础。

8　常林、白鹤群著：《北京西山健锐营》，学苑出版社 2006 年版，第 130 页。

图 12-1

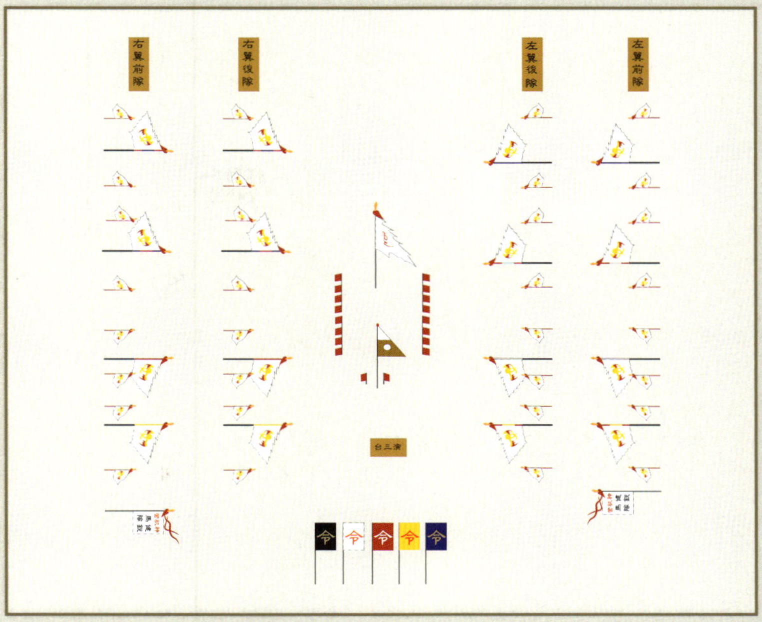

图 12-2

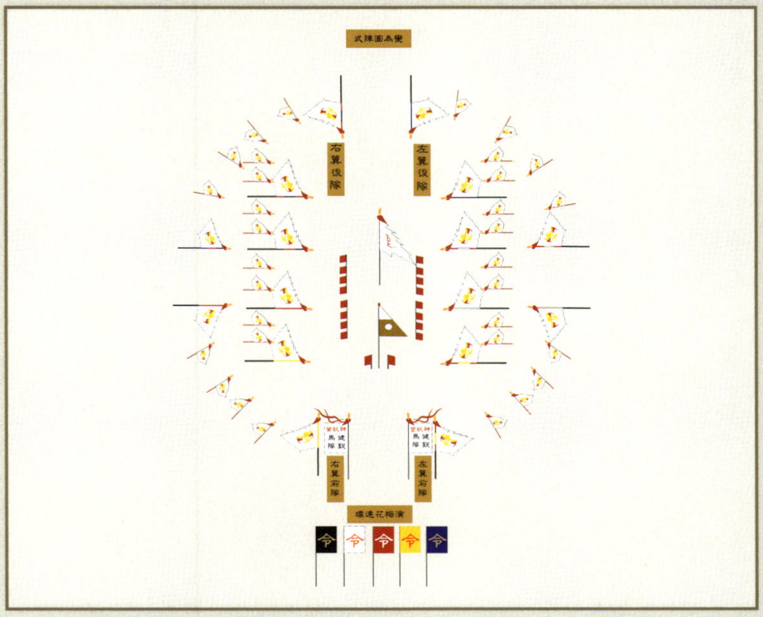

图 12-3

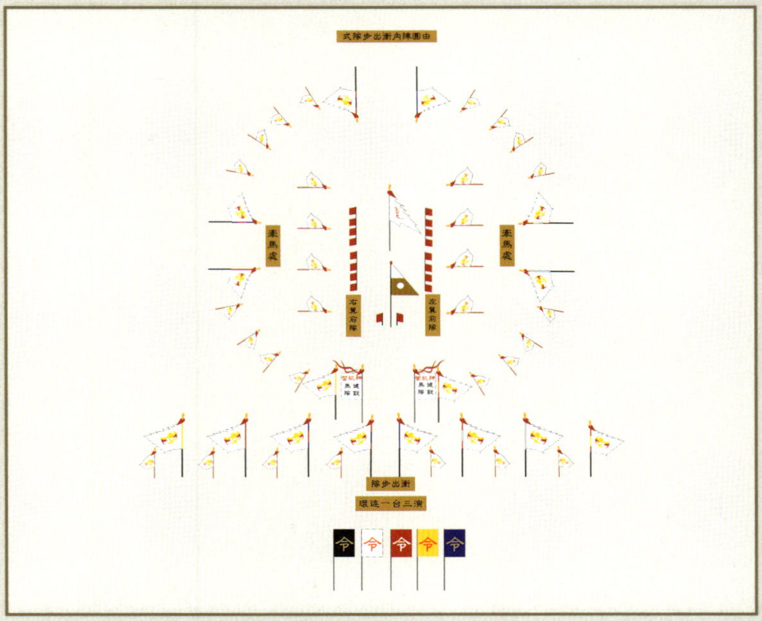

图 12　健锐营马队操演变阵图样

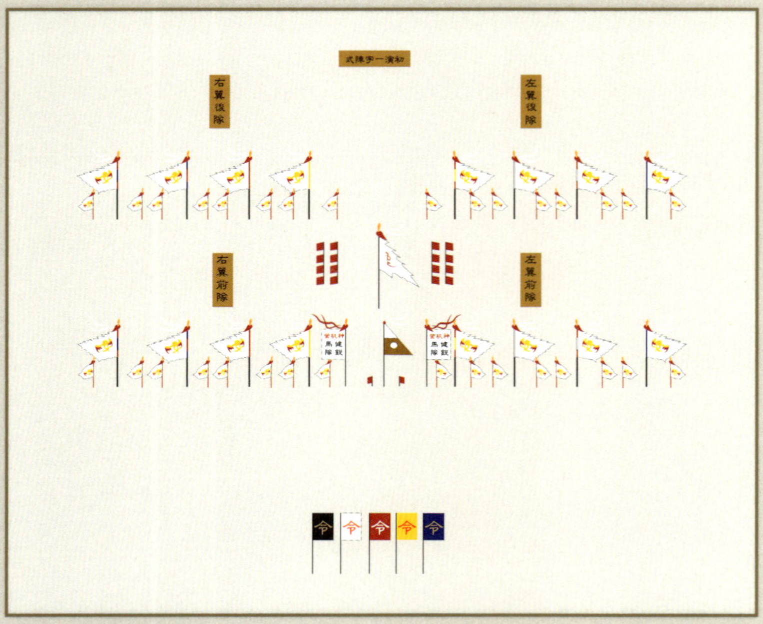

图 12-4

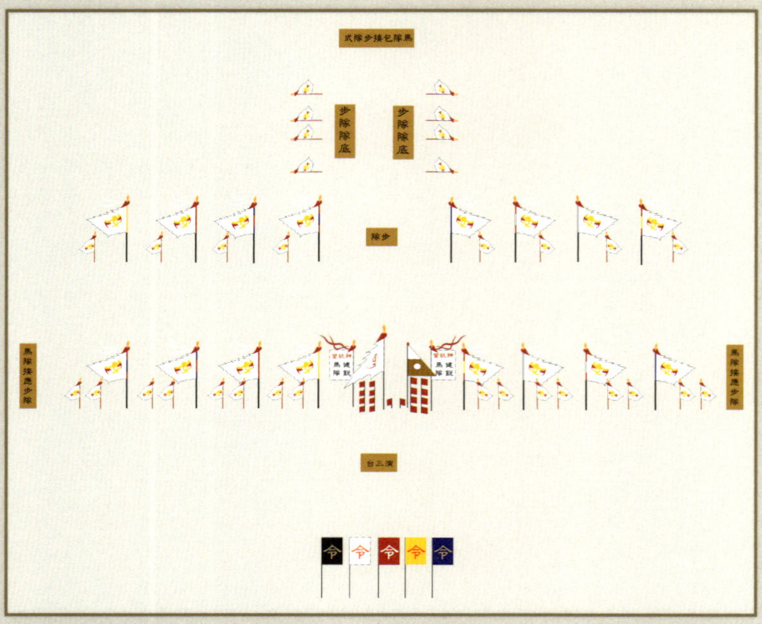

图 12-5

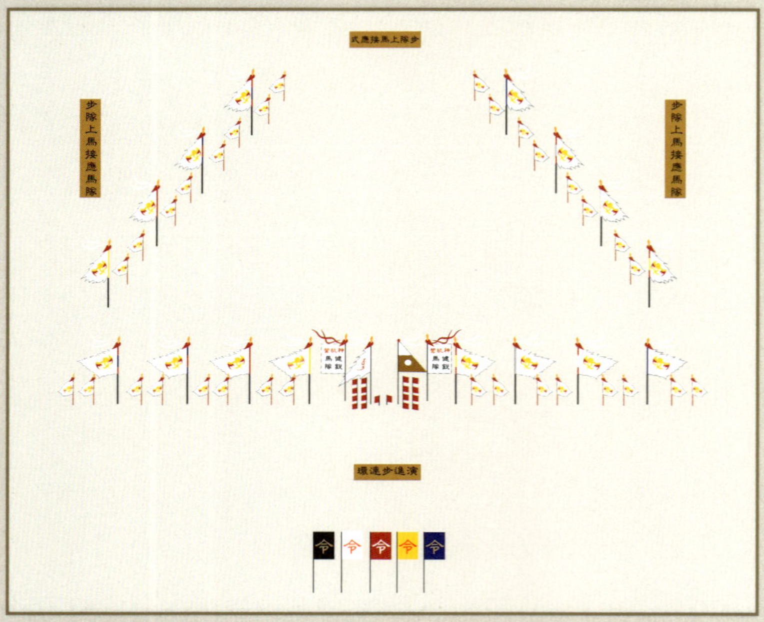

图 12-6

图 12-7

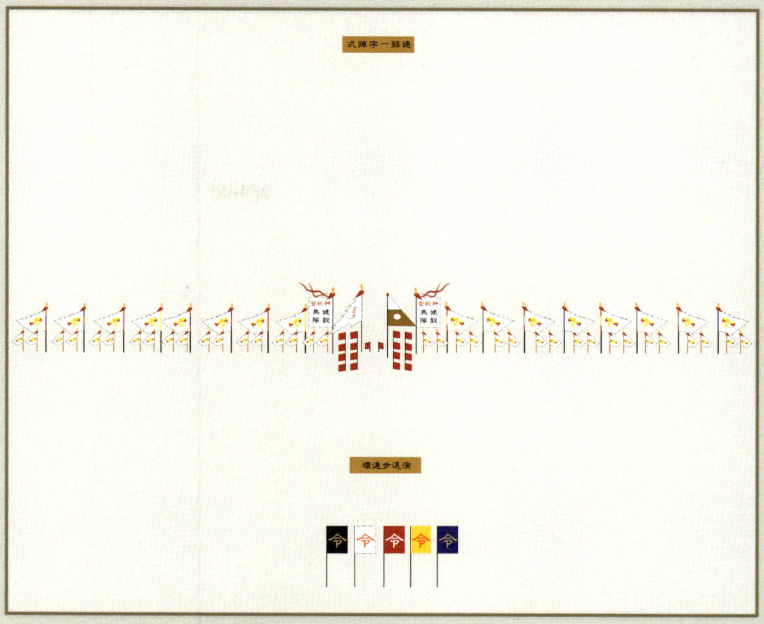

图 12-8

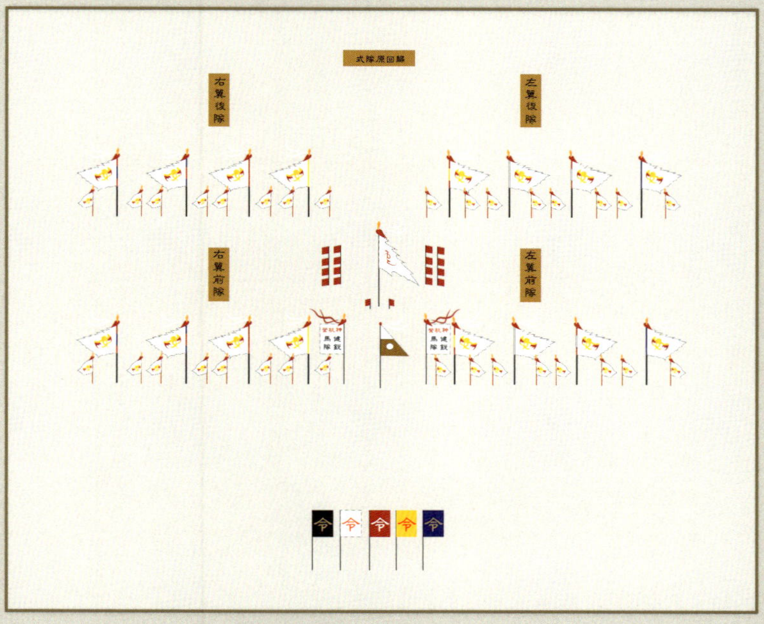

图 12-9

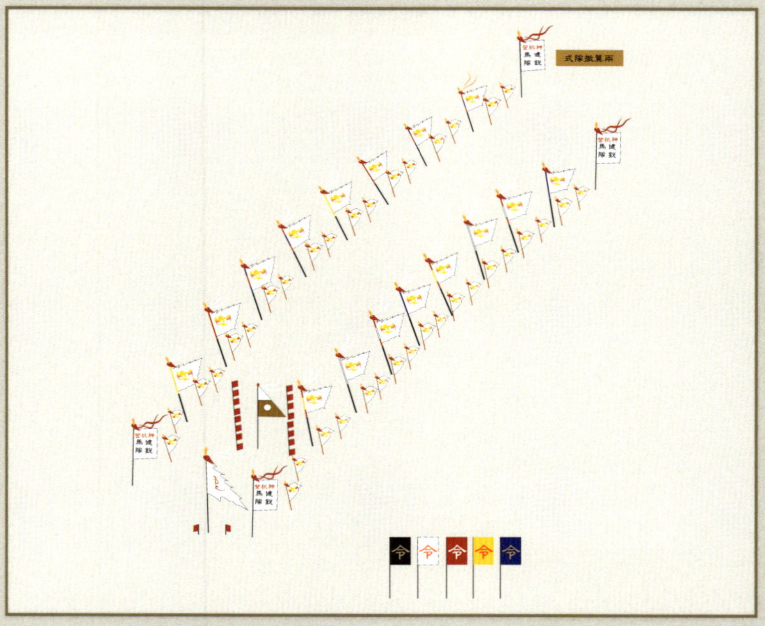

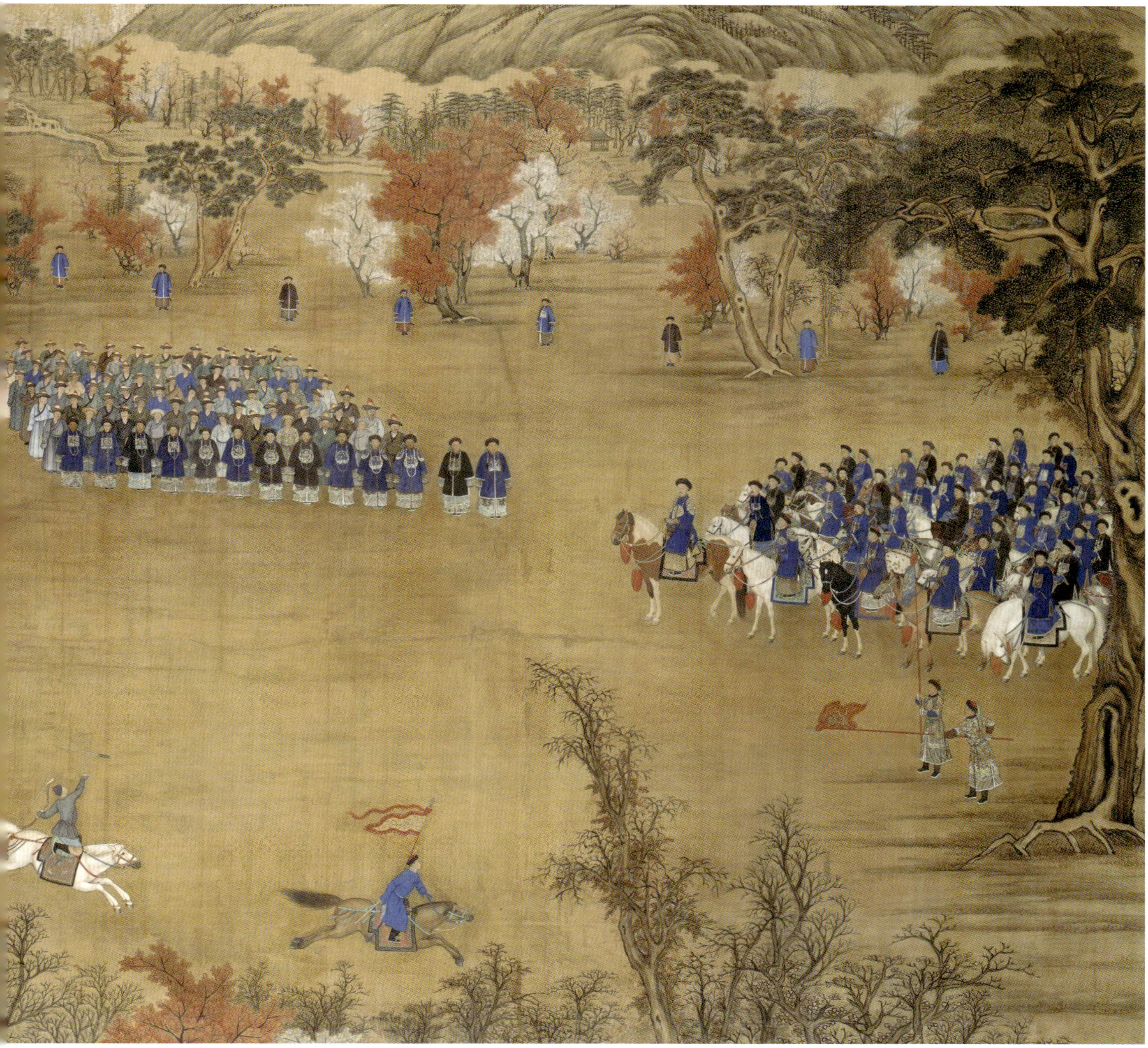

图 13　弘历观马技图像，清郎世宁等绘，故宫博物院藏。

此后，云梯一直作为健锐营的重要技能在历次战争中发挥重要作用，并被推广至各地。

马队训练也是健锐营的重要训练项目，收藏于哈佛图书馆的《健锐营马队操演变阵图样》描绘了健锐营八旗马队的操演过程：每旗分为四队，共三十二队，分为前后左右各八队向前。吹响海螺号角，列队前进，海螺止则列队停。传号令一声，前方左右十六队演一台，共演三台。

传号令即演连环，传令止火，中令鸣海螺，由两黄旗往前分为左右各十六队。传号令各演三台，又鸣海螺，变为四门圆阵，仍分前后里外队。两黄旗前门，两蓝旗后门，两白旗左门，两红旗右门，列成圆阵。听传号令三声，前队演梅花连环，后队下马，八队牵马，八队变步队。听传号令，即由两黄旗冲出前门，分左右翼排列，传令打三台一连环，毕，鸣海螺，前队马队由两黄旗分左右翼接应抄合，列为一字阵。向前打三台，步队即归回后队。上马复分左右翼接应。马队通归一字长蛇阵。传令演进步连环。传令止火。传令再演退步连环。传令止火毕。归回原队，听令撤队。

撤队

退步连环停止，火枪步队乘马，马队冲出。令演步队援出接打连环。令演变为圆阵，分变阵。变阵号令，蓝旗撤队，白旗归回原队。黑旗止火，红旗开枪，黄旗进队，五色令旗口号。

——《健锐营马队操演变阵图样》图跋

除了马队列阵，健锐营的马上训练项目还包含诸多马上技巧训练，如骗马、过马等。士兵或单足立于马蹬上御马飞驰，或双足站立于马背上飞驰，或两人骑马迎面相遇互换马匹，都是高难度的马技表演。

乾隆十九年（1754 年），乾隆皇帝在避暑山庄接见准噶尔杜尔伯特部台吉“三策凌”一行蒙古贵族，并连续五天在万树园举行盛大野宴，并燃放烟火及表演马术助兴。《弘历观马技图像》描绘了乾隆皇帝、随行文武大臣以及蒙古贵族观看八旗士兵马术表演的场景。画面左上角八旗马队在号令旗指挥下策马飞奔，为首者背上插旗，其后跟随者，有人在马上挽弓，有人在马上倒立，还有马上托举等精湛的马技，充分展示了八旗士兵的骁勇。

健锐营作为一支八旗部队，重视马术、马队及马上杀敌操演，对马匹的需求非常大，因此清政府从政策上对健锐营使用马匹供给做了有力保障。

储马于京师分于八旗而畜之曰官马。凡畜官马，聚曰圈，散曰拴。若骑操（骑操马……健锐营一百二十匹），若传事，若备差（备差马……健锐营一百二十九匹），皆定其额。

——光绪朝《钦定大清会典》卷五十

健锐营将士操演表

初一	初二 （合练）	初三	初四 （合练）	初五	初六	初七 （合练）	初八	初九 （合练）	初十
马射	云梯 护梯	马射	云梯 护梯	马射	马射	云梯 护梯	马射	云梯 护梯	马射
步射	鸟枪 马上三枪	步射	鸟枪 大队鸟枪 马上三枪	步射	步射	鸟枪 马上三枪	步射	鸟枪 大队鸟枪 马上三枪	步射
鸟枪	骑射 步射	鸟枪	过马 骗马	鸟枪	鸟枪	骑射 步射	鸟枪	过马 骗马	鸟枪
	舞鞭	水战操演	札枪	水战操演		舞鞭	水战操演	札枪	水战操演
	舞刀		掼跤			舞刀		掼跤	

十一	十二 （合练）	十三	十四 （合练）	十五	十六	十七 （合练）	十八	十九 （合练）	二十
马射	云梯 护梯	马射	云梯 护梯	马射	马射	云梯 护梯	马射	云梯 护梯	马射
步射	鸟枪 马上三枪	步射	鸟枪 大队鸟枪 马上三枪	步射	步射	鸟枪 马上三枪	步射	鸟枪 大队鸟枪 马上三枪	步射
鸟枪	骑射 步射	鸟枪	过马 骗马	鸟枪	鸟枪	骑射 步射	鸟枪	过马 骗马	鸟枪
	舞鞭	水战操演	札枪	水战操演		舞鞭	水战操演	札枪	水战操演
	舞刀		掼跤			舞刀		掼跤	

二十一	二十二 （合练）	二十三	二十四 （合练）	二十五	二十六	二十七 （合练）	二十八	二十九 （合练）	三十
马射	云梯 护梯	马射	云梯 护梯	马射	马射	云梯 护梯	马射	云梯 护梯	马射
步射	鸟枪 马上三枪	步射	鸟枪 大队鸟枪 马上三枪	步射	步射	鸟枪 马上三枪	步射	鸟枪 大队鸟枪 马上三枪	步射
鸟枪	骑射 步射	鸟枪	过马 骗马	鸟枪	鸟枪	骑射 步射	鸟枪	过马 骗马	鸟枪
	舞鞭	水战操演	札枪	水战操演		舞鞭	水战操演	札枪	水战操演
	舞刀		掼跤			舞刀		掼跤	

4

健锐营兵器

健锐营鞭

乾隆十四年（1749 年）制。炼铁，横棱如竹节，长二尺三寸五分，銎为铁盘，厚一分五厘，柄长六寸，围三寸，木质，髹以漆，末钻以铁。室木质，裹绿革，鋄金饰。

健锐营长枪

乾隆十四年制。通长一丈三寸，刃长九寸，圭首中起棱，木柄长九尺，围四寸六分；旁衔铁刃如刀，贴于枪下，长一尺四寸，阔五分；下坠木圆珠，黑旄，末铁镈长四寸。

健锐营云梯刀

乾隆十四年制。通长二尺六寸四分，刃长二尺三寸，柄长三寸二分，饰皆黄铜，余俱如职官佩刀之制。

健锐营旗纛

左翼镶黄右翼正黄，均方幅加号带。

云梯

健锐营用的云梯形制与宋代的飞梯相同，只是在梯前部增加两根长木柄以利推进。《清会典图》中描述："健锐营云梯，乾隆十四年制。规木，通高二丈二尺，旁植木二，中施横木二十四道，上阔一尺二寸，下阔二尺，每间一道稍长，穿出植木左右。首横木两端施铁轮，别以木柄铁叉二推之。"[9]

八旗甲胄

八旗甲胄按上三旗下五旗分为：镶黄、正黄、正白，正红、镶红、正蓝、镶蓝、镶白，其中镶黄、镶白、镶蓝均镶红边，镶红则镶白边。用料精细，做工讲究。

甲胄的盔帽，无论是铁或皮革制品，都在表面髹漆。盔帽前后左右各有一梁，额前正中突出一块遮眉，其上有舞擎及覆碗，碗上有形似酒盅的盔盘，盔盘中间竖有一根插缨枪、雕翎用的铁或铜管。后垂石青等色的丝绸护领、护颈及护耳，上绣有纹样，并缀以铜或铁泡钉。铠甲分甲衣和围裳。甲衣肩上装有护肩，护肩下有护腋；另在胸前和背后各佩一块金属的护心镜，镜下前襟的接缝处另佩一块梯形护腹，名叫"前挡"。腰间左侧佩"左挡"，右侧不佩挡，留作佩弓箭囊等用。围裳分为左、右两幅，穿时用带系于腰间。在两幅围裳之间正中处，覆有质料相同的虎头蔽膝。清代八旗兵的甲胄，多用皮革制成。

9　[清] 昆冈等撰：《清会典图》卷一百三，中华书局 1991 年版，第 1020 页。

健锐营使用兵器装备皆有严格规制，对兵器的用料、维修、更换流程及其管理机构都有明确规定。

（嘉庆）七年议准，健锐营所用之云梯，与随梯叉杆，俱三年更换，由内务府调取，其随梯拉绳亦三年更换。其销金龙纛、销金龙旗、素纛、素旗俱四年更换，由工部调取。鸟枪十年修理，二十年更换，由武备院调取。棉甲十年拆换里面，二十年更换，由广储司调取。其随围帐房十年更换，随围梅针箭十年换翎修理，海螺令旗、过马花鞍韂、骗马花鞍韂、长枪、铁鞭、木刀、马箭帽子、马枪挡牌、箭把、掼跤褡裢、桅绳、静宜园进班撒袋长枪，除海螺不用修理，其余如有损坏即动用本营生息利银黏补修理，年终报销奏闻。其官员所用之盔甲撒袋、弓箭、腰刀、号褂俱官员自备，兵丁所用之弓箭、腰刀、九龙袋、药葫芦、药管、号褂、小过堂号衣俱兵丁自备。

——光绪朝《钦定大清会典事例》卷一一六八

長槍圖一 健銳營用

鞭圖 健銳營用

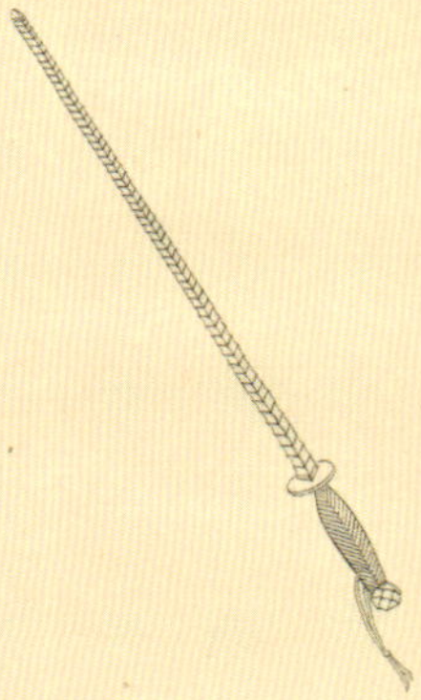

图 14-1　图 14

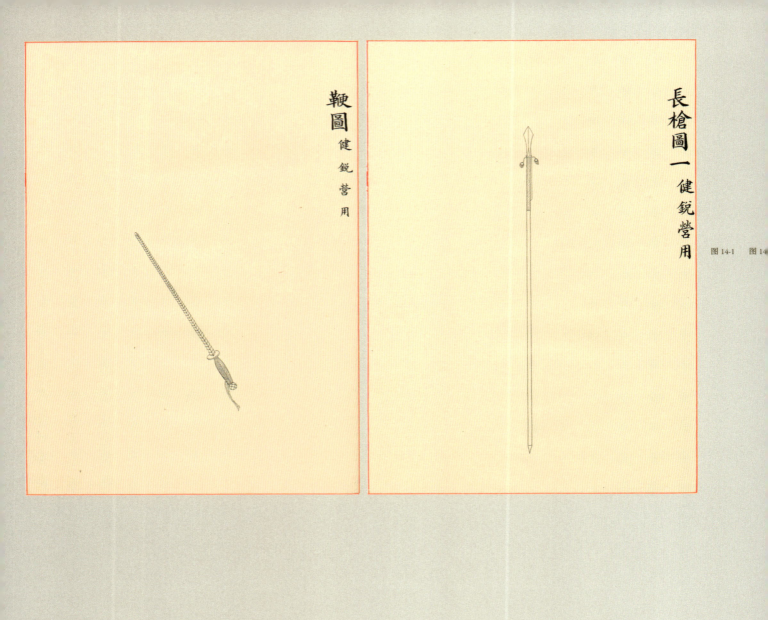

14-3 图 14-4

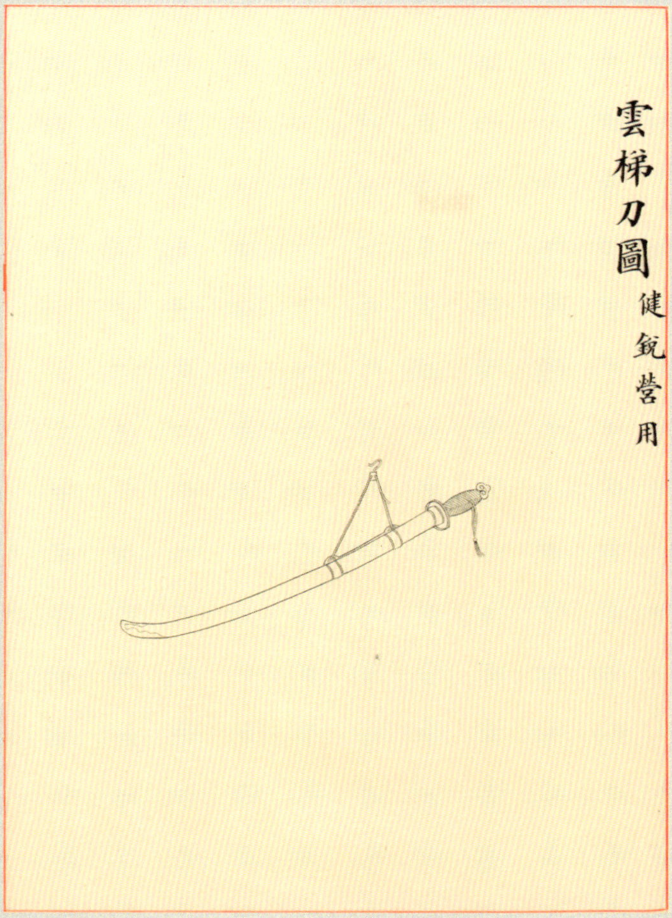

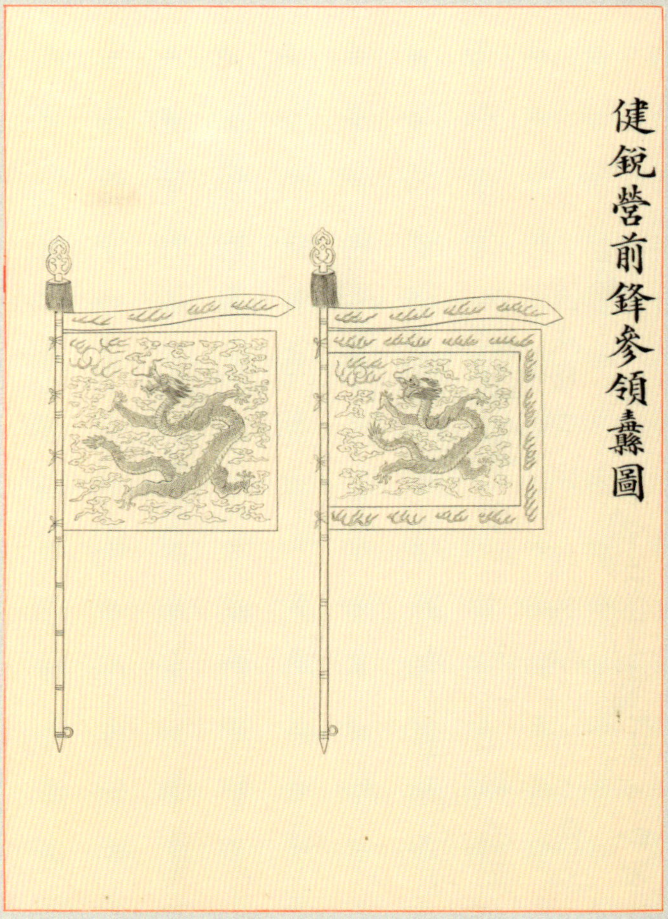

图 14-1 健锐营用鞭图（光绪二十五年内府石印本《钦定大清会典图》卷一百三）

图 14-2 健锐营用长枪图（光绪二十五年内府石印本《钦定大清会典图》卷一百二）

图 14-3 健锐营用云梯刀图（光绪二十五年内府石印本《钦定大清会典图》卷一百一）

图 14-4 健锐营前锋参领纛图（光绪二十五年内府石印本《钦定大清会典图》卷一百五）

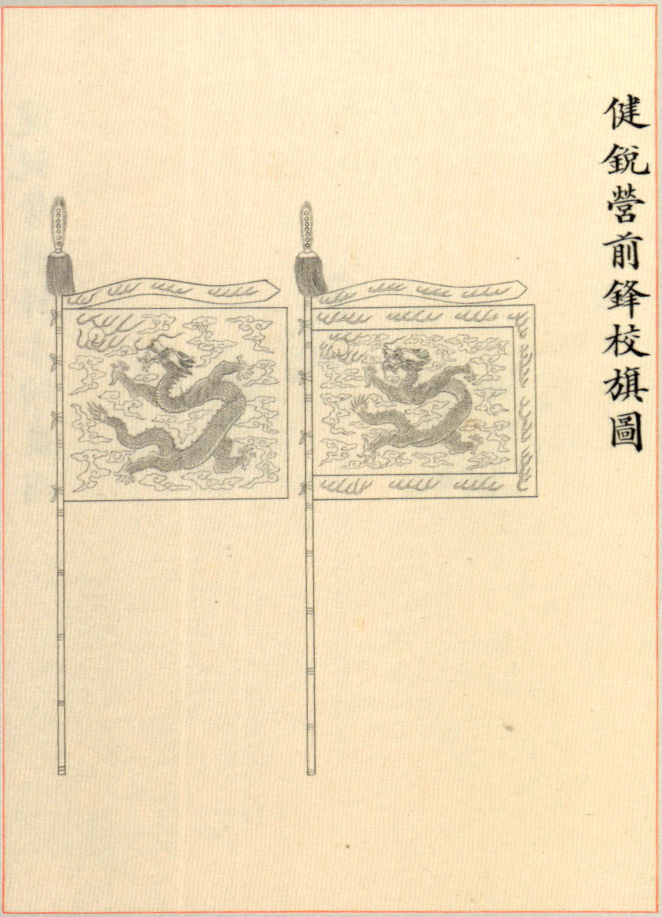

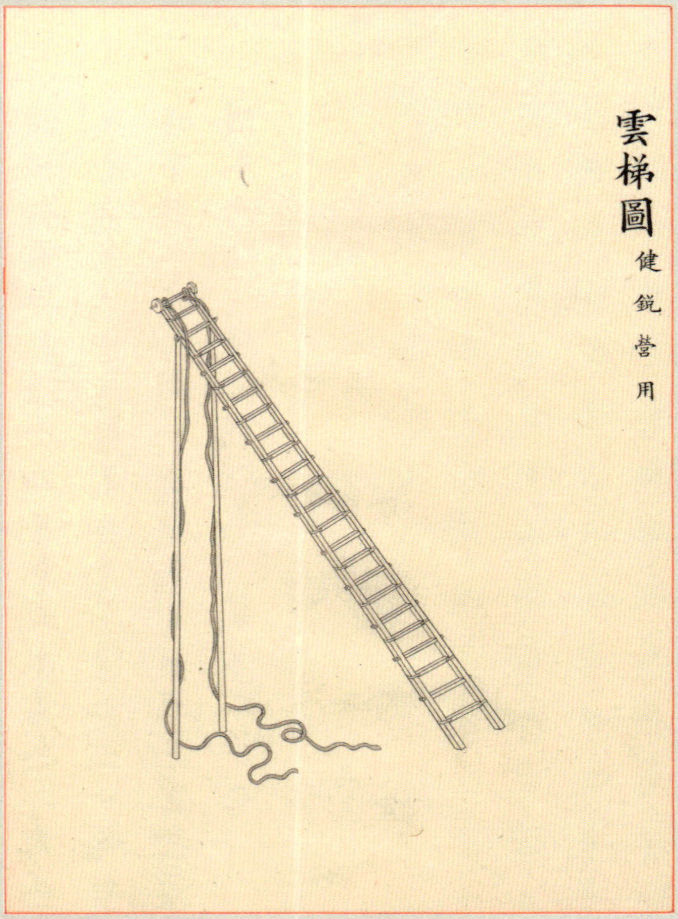

图 14-5　图 14

图 14-5　健锐营前锋校旗图（光绪二十五年内府石印本《钦定大清会典图》卷一百五）

图 14-6　健锐营用云梯图（光绪二十五年内府石印本《钦定大清会典图》卷一百三）

图 15　八旗甲胄

图 15

第三节

健锐营建功

乾隆帝自称“十全老人”，他在乾隆五十七年十月初三亲自撰写了《十全记》，记述他一生的“十全武功”，史称《御制十全记》。所谓“十全武功”，即“十功者，平准噶尔为二，定回部为一，扫金川为二，靖台湾为一，降缅甸、安南各一，即今二次受廓尔喀降，合为十。”

健锐营成立后，因训练精熟，矫捷勇往，深得乾隆皇帝的赏识与信任，称其“大功成计以十全”，或平定叛乱，或镇压起义，或抵御外侮，或维持秩序，仅数十人即能屹如坚城，越险摧坚，所到之处行阵严肃，奋勇争先。健锐营逐渐成长为一支战功卓著的多兵种特种部队，也逐渐发展为八旗军队中的核心战斗精英，是日后平定安南、台湾、西藏、廓尔喀（尼泊尔）等地的核心军事力量。清末，健锐营作为京畿守卫部队英勇作战，在抗击英法联军时，为守卫北京城战至最后一人，为抵抗帝国主义侵略做出巨大牺牲。

1

经典战役

参加平定准噶尔贵族的战争

清朝成立以来，新疆准噶尔贵族割据势力一直是清廷皇帝的心头之患。康熙、雍正两朝皇帝都未能完全平定边疆。至乾隆时期，清廷已与准噶尔割据政权相持数十年，乾隆十九年（1754 年），伴随阿睦尔撒纳的归降，乾隆皇帝决心发兵准噶尔。当年十二月，乾隆帝决定发兵 5 万，并于乾隆二十年（1755 年）二月分北、西两路出击：以班第为定北将军，率军 2.5 万人向乌里雅苏台出发，越阿尔泰山向西南推进；西路大军以永常为定西将军，萨喇尔为定边右将军，率军 2.5 万人自巴里坤西进，会师后直捣伊犁。健锐营被编入西路军，正式出征。在此过程中，乾隆帝还特别从健锐营中选派健锐营前锋校五员、蓝翎长四十五名训练西路绿旗兵丁。

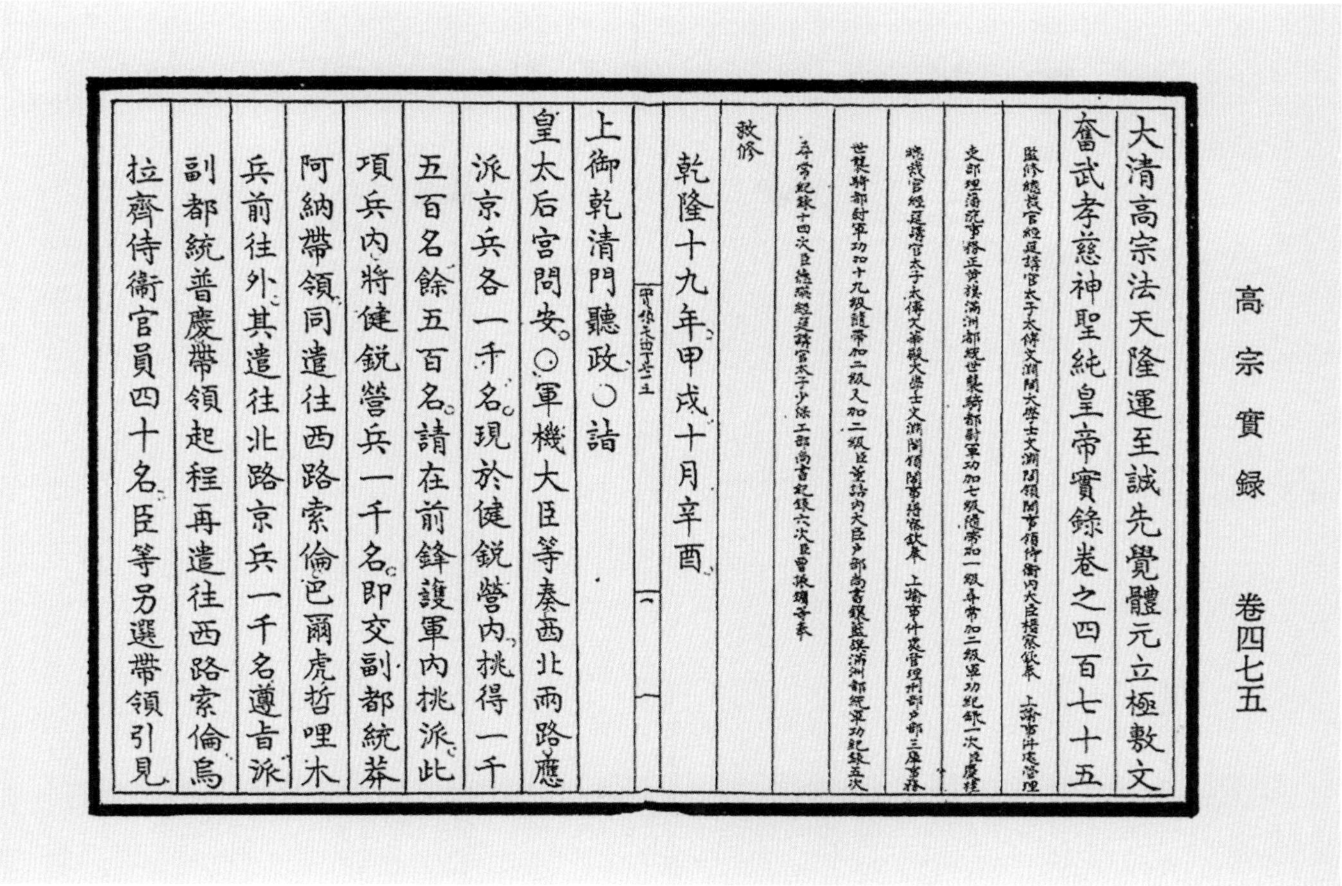

高宗實録　卷四七五

大清高宗法天隆運至誠先覺體元立極敷文奮武孝慈神聖純皇帝實錄卷之四百七十五

監修總裁官經筵講官太子太傅文淵閣大學士文淵閣領閣事領侍衛內大臣稽察欽奉 上諭事件處管理
吏部理藩院事務正黃旗滿洲都統世襲騎都尉軍功加七級隨帶加一級尋常加二級軍功紀錄一次臣慶桂
總裁官經筵講官太子太傅文華殿大學士文淵閣領閣事稽察欽奉 上諭事件處管理刑部戶部三庫事務
世襲騎都尉軍功加十九級隨帶加二級又加二級臣董誥內大臣戶部尚書鑲藍旗滿洲都統軍功紀錄五次
尋常紀錄十四次臣德瑛經筵講官太子少保工部尚書紀錄六次臣曹振鏞等奉
敕修

乾隆十九年甲戌十月辛酉

上御乾清門聽政。諭

皇太后宮問安。○軍機大臣等奏西北兩路應派京兵各一千名。現於健鋭營內挑得一千五百名，餘五百名。請在前鋒護軍內挑派。此項兵內將健鋭營兵一千名，即交副都統莽阿納帶領，同遣往西路索倫巴爾虎哲哩木兵前往外，其遣往北路京兵一千名，遵旨派副都統普慶帶領起程，再遣往西路索倫烏拉齊侍衛官員四十名，臣等另選帶領引見。

图16　乾隆十九年（1754年）甲戌十月辛酉军机大臣奏报派兵事宜（中华书局影印本《清实录》卷四七五）

据《钦定八旗通志》记载，健锐营兵众将士被派往征西大军的西路军营。包含官达色、岱青阿、普宁等在内近七十位将士均随西路军，征战伊犁。

乾隆二十年（1755 年），清军兵不血刃占领伊犁，达瓦齐败逃。战后，乾隆帝谕令班第等清军陆续撤回，留兵 500 人驻守伊犁，其余士兵先后返回内地。

参加平定回部大小和卓之战

乾隆二十三年（1758 年）, 新疆回部大和卓（波罗尼都）与小和卓（霍集占）反叛。平定新疆大小和卓之战中，交战最激烈的是黑水营之围。乾隆二十三年（1758 年), 兆惠率兵攻打小和卓首领霍集占所在的叶尔羌城，在城外喀喇乌苏即黑水河扎营。由于寡不敌众，兆惠进攻遭到阻击，被迫退回营地，被团团包围，清军掘壕筑垒固守，叛军也挖战壕、筑高台以围困清军。叛军以 2 万人众轮番围攻黑水营清军。兆惠以绝对劣势的兵力在风雪严寒、弹尽粮绝的绝境下拼死作战，从十月守至第二年正月，直到各路清军前来解围，最终击溃叛军。这就是著名的“黑水营之战”。

二十四年，乾隆皇帝命纳穆札尔为靖逆将军 , 三泰为参赞大臣，率健锐营等八旗兵解兆惠黑水营之围。

其中的“呼尔璊之战”就是赴黑水解围的重要一役。乾隆二十四年（1759 年）正月初六，副将军富德率官兵至呼尔璊时遭遇霍集占军。健锐营将士伤亡惨重，仅《钦定八旗通志》记载，健锐营就有几十位将士战死于呼尔璊。以下清代礼亲王昭梿的这段记载，为我们描述了健锐营在敌军重重围困下浴血苦战的惨烈场面。

> 贼五千余骑迎战，我兵仅二三千，且马少，皆步行。发枪矢毙贼甚多。然贼恃其众，战不解。我兵进击辄退，甫收兵又来攻。凡转战四日夜，碛地无水，皆嚼冰以解渴。初九日之夜，拒守于沁达尔，势阻不得进，又几殆……
>
> ——结一庐本《啸亭杂录》卷六

经过艰苦作战，黑水之围终于在以健锐营为代表的英勇将士的作战中取得胜利。至乾隆二十四年（1759年）夏，霍集占兄弟在清军大举进剿下弃城逃到巴达克山，被当地部落首领擒杀后，尸首交于清军。平定大小和卓的叛乱，巩固了清政府在西北边疆的统治，对维护当时祖国统一做出了重要贡献。由于这是健锐营成立之后初试锋芒所参加的一次战役，乾隆帝有感于“营之兵是役效力为尤多，故不可不旌其前劳，以劝夫后进”，而决定给予大力表彰。乾隆二十六年（1761 年），乾隆皇帝下旨在香山阅武楼内立了一块卧式“御制实胜寺后记”碑，以彰其功绩。

参加清缅之战

乾隆三十年（1765 年），缅王孟驳派兵侵犯中国云南九龙江一带，乾隆三十二年（1767 年）三月，乾隆皇帝改派曾管理健锐营事务的明瑞为云贵总督，率八旗兵和云贵川兵 2.5 万人入缅作战。明瑞和健锐营前锋出身的护军统领观音保及军士多人在突围中战死。

乾隆三十四年（1769 年）二月，又命傅恒为经略，率领包括健锐营在内的满蒙旗兵 1.3 万多人赴云南实施第二次攻缅之战。《清史稿》中记载的派兵情况：

乃议分路进：傅恒由江西戛鸠路，阿桂由江东猛密路，阿里衮以肩疮未愈，由水路，都计新旧调兵二万九千人……其由水路者，健锐营兵五百人，侍卫乌尔图纳逊、奈库纳领之。

——中华书局 1977 年版《清史稿》卷五百二十八

在清缅战争中，健锐营将士作战英勇，但也付出很大牺牲。许多战士最终永远留在了缅甸的战场上。

成德，钮祜禄氏，满洲正红旗人。初入健锐营充前锋。从征准噶尔、叶尔羌，俱有功。征缅甸，从将军明瑞自锡箔进兵，攻贼旧小蒲坡，中枪伤，战猛拜、天生桥、猛城诸地。从副将军阿里衮攻顿拐，毁其寨。从经略大学士傅恒渡戛鸠江，自猛拱、猛养进兵，败贼于新街。

——中华书局 1977 年版《清史稿》卷三百三十三

三格泰，满洲正红旗人，姓萨哈尔察氏。乾隆三十二年，由健锐营前锋派往云南征剿缅甸。委署前锋校，随将军公明瑞击贼于蒲卡、蛮结，阵亡。赏恤如例，恩赐云骑尉世职。

彤家宝，满洲正红旗人，姓佟佳氏……三十二年，派往云南征剿缅甸。三十三年正月，随将军公明瑞击贼于邦海，阵亡。赏恤如例，恩赐云骑尉世职。

——吉林文史出版社校点本《钦定八旗通志》卷二百二十一

参加第二次平定大小金川之战

第一次金川战争结束以后，金川及其周围地区出现了一段时间的安定局面。但没过几年，就发生新的叛乱。大金川土司因地广人众，不断挑衅周围土司。

乾隆三十五年（1770 年）四月，大金川索诺木承袭土司职务。索诺木恃强凌弱，不断侵扰邻近的土司。乾隆三十六年（1771 年）四月，索诺木袭杀革布什咱土司，侵占其官寨。小金川土司僧格桑跟随反叛，发兵攻打附近土司，并进而进攻当地的清军。所以，清军决定派兵镇压，第二次金川战争开始。

第二次金川战争开始后，在乾隆三十七年（1772 年），乾隆帝先期派遣健锐营数十人发往军营。乾隆皇帝先派包括健锐营参领赓音太、副参领宁泰扎史、三等侍卫科玛普济保、副护军参领伊尔哈纳与火器营将领一起发往四川南路军营。[10] 交与阿桂派给差使行走。后又从官兵中选三十名官兵。其中令健锐营委署前锋章京舒亮带领、副都统齐里克齐统辖，派往西路官兵。[11] 健锐营官兵作为重要前线将领参与作战。

乾隆在温福作战时曾提到，打算派包括健锐营在内的军队出征，后多方考虑未能立即成行。乾隆三十七年（1772 年）五月，因桂林战场指挥有误，乾隆帝命将桂林革职拿问，令阿桂接办南路事务。乾隆三十七年（1772 年）年底，南路和西路向美诺进攻，胜利会师。至此，小金川基本平定。

乾隆三十七年（1772 年）十二月，小金川即将平定之时，乾隆帝授温福为定边将军，阿桂、丰升额为副将军，令其平定小金川以后，进攻大金川。但清军在木果木遭遇战败。木果木以北的昔岭，右路可通勒乌围（大金川官寨），左可通噶拉依。但这里碉卡众多，且碉坚墙厚，清军自下仰攻，温福还采取“以碉逼碉”的错误战略，以致无法集中兵力突破防御，屯兵五六月之久。后又因大金川土司密谋小金川兵策反，温福疏于防范，小金川兵潜入后路董天弼军营，杀董天弼，后断温福大营水道。温福既不能事先防范，临事又惊慌失措，不敢领兵据战，温福战死。清军伤亡惨重，刚平定仅仅半年的小金川得而复失。

鉴于木果木战败，乾隆皇帝对大小金川进行新一轮军事作战，认为失败原因是无满洲兵可以依仗，增派京师包括健锐营兵在内从征金川：

10 [清] 方略馆纂：《西藏学汉文文献汇刻第一辑——平定两金川方略》卷三十四，天津古籍出版社 1991 年版，第 527 页—528 页。

11 [清] 方略馆纂：《西藏学汉文文献汇刻第一辑——平定两金川方略》卷四十，第 598 页—599 页。

上谕增派精兵挽回温福之失

三十八年六月庚戌（辛亥）[一七七三年八月十一日]

谕军机大臣等。温福等失事，皆为绿旗兵所误。去年春，朕已派定健锐等营精兵数千备调，因温福、阿桂奏，以京兵较绿旗兵费几数倍，朕为其说所游移，遂尔中止，今事已如此，悔亦无及。现降旨选派健锐、火器营兵各一千，黑龙江、吉林兵各一千，即日分拨起程，令色布腾巴勒珠尔以固伦额驸为参赞大臣，统领前往。

——中华书局影印本《清实录》卷九三七

乾隆三十八年（1773年）十月，新调清军分数路并进，先后攻克数地，不久，小金川全境基本平定。之后清军在乾隆三十九年（1774年）正月，兵分三路，向大金川进攻，夺取大金川官寨勒乌围，以及索诺木逃窜之地噶拉依，直至乾隆四十一年（1776年）大小金川之战结束，在此期间，健锐营士兵在战争中，身先士卒，奋勇争先，为第二次金川之战的胜利立下汗马功劳。

平定大小金川战争虽然劳师糜饷，战争给当地百姓造成灾难。但金川战役打击了土司的割据势力。此后，清廷在金川地区改土归流，加强了管理，稳定了金川地区的社会秩序，加强了与内地的经济文化交流，改善了当地人民的生活，巩固发展了多民族国家的统一。

事之將雖上峻山
事之將易下順水
旬日全定小金川
幅員五百有餘里
迴思六月僨事時
猾賊亦迅若此一
朝失亦一朝得
天道好還原定理
蓄兵直進討促浸
雪嶺險滑仍如
彼擬欲持以久困
之復靈師老致費
靡費勇及鋒而用
壯一月三捷心爲合
我非黷武顧佳兵
撻伐由來不得已
癸巳
將軍阿桂奏報
官軍收復小金川
全境詩以誌事

·图 17-1

图 17-2

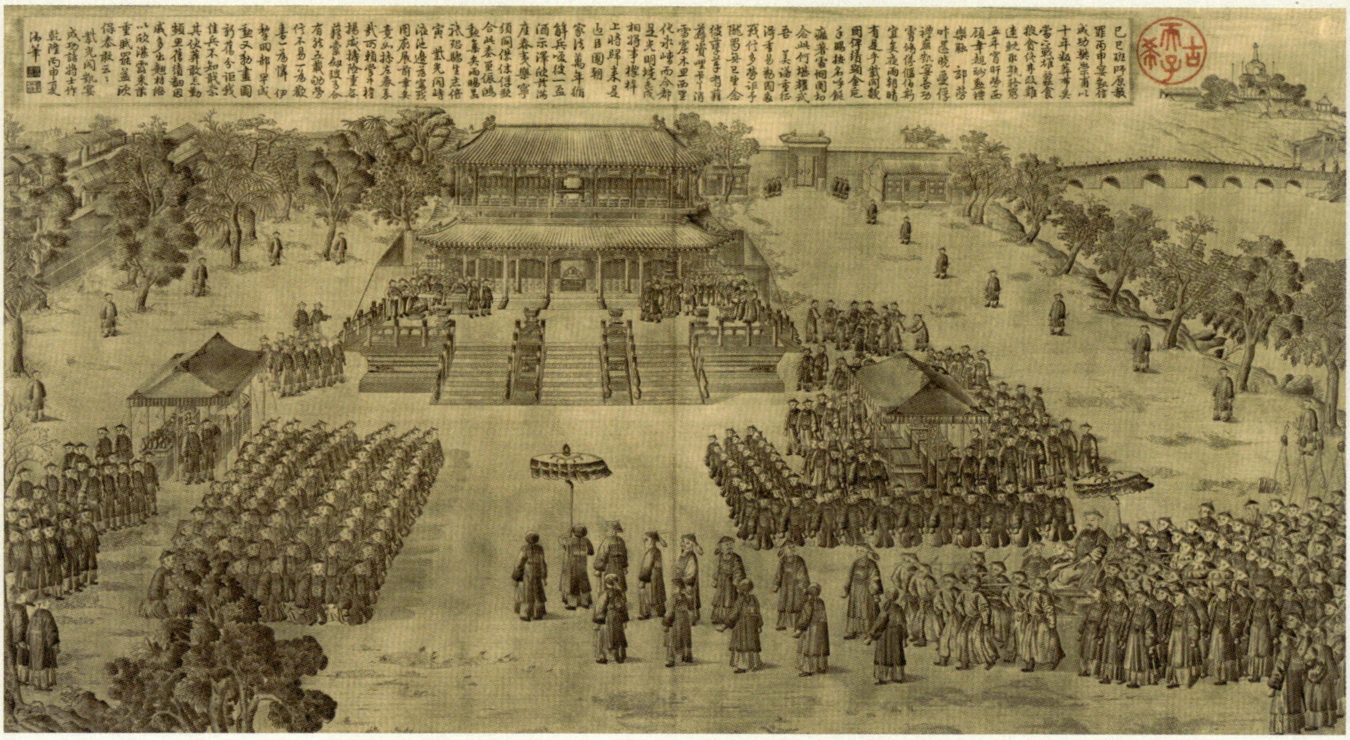

图 17　平定金川图册

参加台湾之役

乾隆五十一年（1786年），台湾天地会首领林爽文发动反抗地方官府的民众起义。乾隆五十二年（1787年），健锐营由翼长乌什哈达率领，随大学士福康安和领侍卫内大臣海兰察，到台湾参加了这次行动。

乾隆五十二年（1787年），皇帝亲阅健锐营兵，并赋诗表达出台湾之役中绿营兵羸弱，而不似满洲劲旅，足见乾隆皇帝对健锐营的肯定。

图18　乾隆五十二年（1787年）御制诗《阅武》（文渊阁《四库全书》本《御制诗集》卷三十一）

图 18

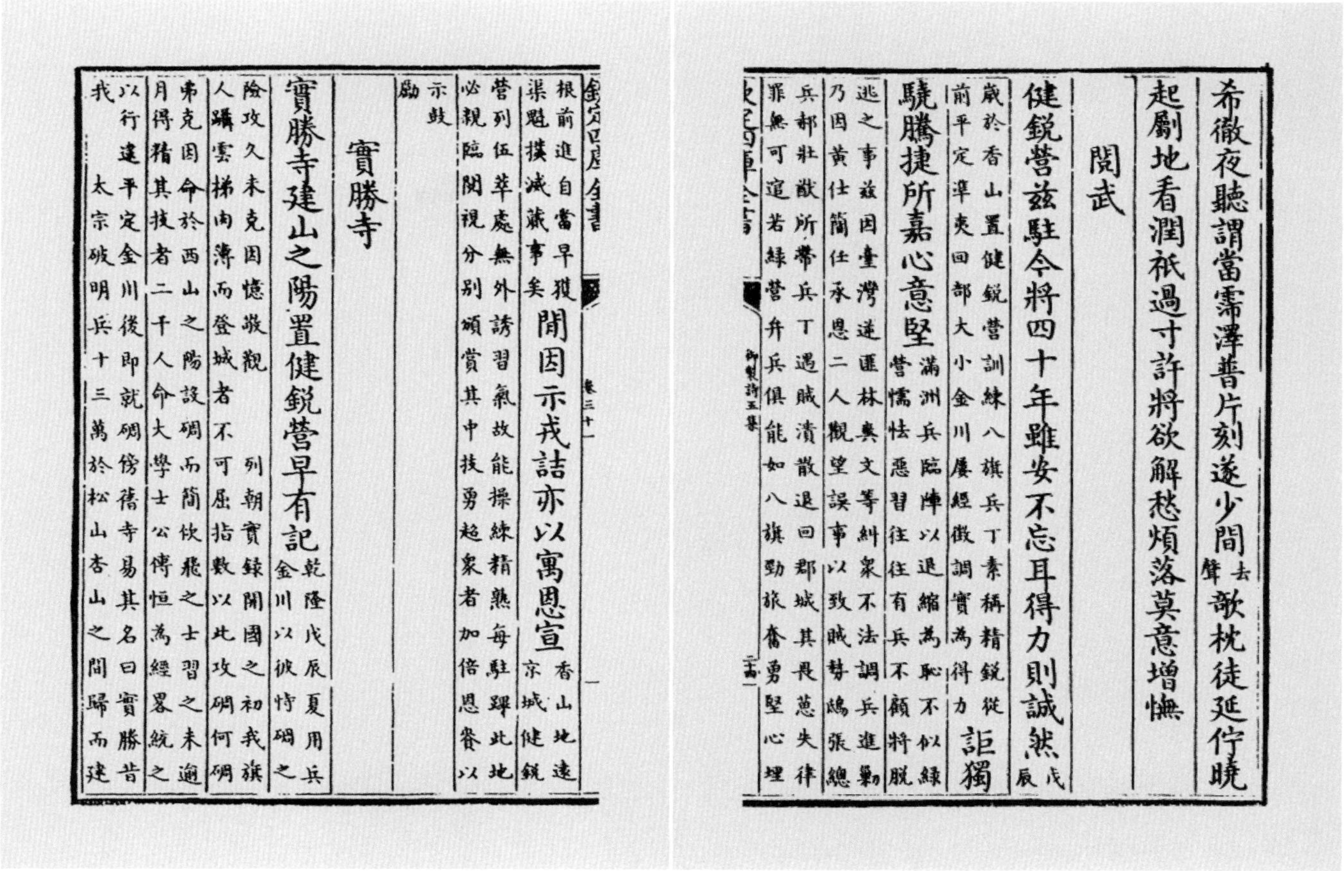
希徽夜聽謂當霈澤普片刻遂少間去聲欹枕徒延佇曉起劚地看潤祇過寸許將欲解愁煩落莫意增憮

閱武

健銳營茲駐今將四十年雖安不忘耳得力則誠然戊辰歲於香山置健銳營訓練八旗兵丁素稱精銳從前平定準夷回部大小金川屢經徵調實為得力詎獨驍騰捷所嘉心意堅滿洲兵臨陣以退縮為恥不似綠營懦怯惡習往往有兵不顧將脫逃之事茲因臺灣逆匪林爽文等糾衆不法調兵進剿乃因黃仕簡任承恩二人觀望誤事以致賊勢鴟張總兵郝壯猷所帶兵丁遇賊潰散退回郡城其畏葸失律罪無可逭若綠營弁兵俱能如八旗勁旅奮勇堅心埋根前進自當早獲渠魁撲滅蕆事矣閒因示戎詰亦以寓恩宣香山地逺京城健銳營列伍萃處無外誘習氣故能操練精熟每駐蹕此地必親臨閱視分別頒賞其中技勇超衆者加倍恩賚以示鼓勵

實勝寺

實勝寺建山之陽置健銳營早有記乾隆戊辰夏用兵金川以彼恃碉之險攻久未克因憶敬觀列朝實錄開國之初我旗人躡雲梯肉薄而登城者不可屈指數以此攻碉何碉弗克因命於西山之陽設碉而簡佽飛之士習之未逾月得精其技者二千人命大學士公傅恒為經畧統之以行逮平定金川後即就碉傍舊寺易其名曰實勝昔我太宗破明兵十三萬於松山杏山之間歸而建

在御制诗《阅武（乾隆五十三年）》中，乾隆皇帝盛赞健锐营兵在平定台湾之役中的重要作用：“自立香山健锐营以来，屡派出征，屡有成效。上年台湾逆匪滋事，先派翼长等八人，前往领兵打仗，后复简派巴图鲁百人，随福康安等进剿，果能迅奏肤功，实为奋勇出力。”

乾隆五十三年（1788 年），平定台湾，清廷对 30 名有功将领除奖赏升官外，还图像于紫光阁。翼长乌什哈达也享受此荣誉，并擢升为吉林副都统。

2

将士建功

健锐营能征善战，培养了一大批优秀的清军将领，他们多起于前锋或委署前锋，以战功得到升迁，有的成为领侍卫内大臣，有的则成为将军或都统、副都统。对于这样一支特种前锋部队来说，产生将官的比率非常高，其中许多将领被赐“巴图鲁”封号，入典紫光阁功臣像。

傅恒

傅恒（？—1770年），字春和，姓富察氏，满洲镶黄旗人。乾隆五年（1740年），充蓝翎侍卫，累迁头等侍卫、御前侍卫；七年（1742年），任总管内务府大臣，管理圆明园事务；八年（1743年），继任户部右侍郎、山西巡抚；十年（1745年），在军机处行走；十一年（1746年），任户部左侍郎、授内大臣；十二年（1747年），累任会典馆副总裁、户部尚书、议政处行走、銮仪卫、议政大臣、会典馆正总裁；十三年（1748年），以户部尚书兼兵部尚书署川陕总督、殿试读卷官，擢领侍卫内大臣，加太子太保、协办大学士、管理三库事务军务，充经筵讲官。金川之战开始后，授经略、保和殿大学士，加太子太傅、太保。乾隆十四年（1749年），金川平，授一等忠勇公；二十年（1755年），任《平定准噶尔方略》正总裁；二十一年（1756年），任保和殿大学士兼署步军统领。据台湾保存的乾隆二十六年（1761年）八月十六日奏折所载，曾任管理健锐营大臣。乾隆三十三年（1768年），经略云南军务；三十五年（1770年）七月，卒。谥文忠。嘉庆元年（1796年），追赠郡王衔。

福康安

福康安（1754—1796 年），字瑶林，号敬斋，姓富察氏，满洲镶黄旗人。大学士一等忠勇公傅恒之第三子。乾隆三十二年（1767 年），授三等侍卫，洊擢至一等。三十七年（1772 年）任户部侍郎，不久迁满洲镶黄旗副都统，受命赴金川之战。四十年（1775 年），因功授内大臣，赏“嘉勇巴图鲁”名号。四十一年（1776 年）金川平定后，封三等嘉勇男，授户部左侍郎，继调任蒙古镶白旗都统。乾隆四十二年至四十六年（1777—1781 年），先后出任吉林将军、盛京将军、云贵总督、四川总督兼成都将军。四十八年（1783 年），署户部尚书。五月，授掌銮仪卫事大臣、阅兵大臣、总管健锐营事务。四十九年（1784 年），擢兵部尚书、总管内务府大臣。授陕甘总督，封一等嘉勇侯。五十二年（1787 年）八月，诏以康安为大将军，领侍卫内大臣超勇侯海兰察为参赞，率领各路部队平台湾林爽文起义。 五十三年（1788 年），台湾既平，晋为一等嘉勇公，调闽浙总督。五十四年（1789 年），调两广总督。五十六年（1791 年），命为将军出征西藏，偕参赞大臣海兰察抗击入侵的廓尔喀军队。乾隆五十七年（1792 年），凯旋，被任命为武英殿大学士兼军机大臣，加封一等轻骑都尉世职，其子德麟承袭。五十八年（1793 年），加封忠锐公。六十年（1795 年），统军镇压湘黔苗民起义，以功赏三眼花翎，晋封贝子。嘉庆元年（1796 年）五月，身染瘴患泄泻，不久卒于军中。追封为嘉勇郡王，并配享太庙和开国元勋同列，入祀贤良祠及昭忠祠，又在他家宗祠旁边另建专祠，赐谥“文襄”。同时追封其父傅恒为郡王爵衔，其子德麟晋袭贝勒。清代非宗室而封王者，只有福康安父子二人。

图 19

图 19　德楞泰、赛冲阿、图钦保像

德楞泰

德楞泰（1745—1809 年），字惇堂，姓伍弥特氏，正黄旗蒙古人。五岁举家进驻健锐营，八岁习射，二十六岁由前锋授蓝翎长充本营官学教习。德楞泰一生作战英勇，屡立战功。乾隆三十八年（1773 年）从征金川，四次获得一等功牌，升授前锋校。乾隆四十九年（1784 年）从征石峰堡，升授委前锋参领。乾隆五十二年（1787 年）台湾之役后，升授前锋参领、健锐营左翼翼长，被赐“继勇巴图鲁”名号。乾隆五十七年（1792 年）又赴新疆平叛，命图形紫光阁。嘉庆以后，远调守边，为安定西陲、繁荣边疆立下汗马功劳。

赛冲阿

赛冲阿，赫舍里氏，乾隆年间生，满族正黄旗人。自幼在健锐营长大，历经乾隆、嘉庆、道光三朝。至乾隆五十一年（1786 年），升至健锐营正三品前锋参领。乾隆五十二年（1787 年）赴台参与作战，连战连捷，被授予“斐灵额巴图鲁”勇号，画像紫光阁。乾隆五十七年（1792 年）出任健锐营翼长。嘉庆年间，赛冲阿转战三省，历战十年，建立殊功，连续获得皇帝九次赏赐。历任西安、宁夏、广州、福州、吉林、成都将军。道光三年（1823 年），赐宴玉澜堂，列十五老臣，绘像。道光六年（1826 年），卒于任，赠太子太师，予谥“襄勤”。

图钦保

图钦保，瓜勒佳氏，满洲镶黄旗人，清朝将领。因跟从将军明瑞出征缅甸战役，作战有功，被赐号“法福礼巴图鲁”，升迁至健锐营副前锋参领。乾隆三十七年（1772 年），从将军阿桂征金川，带兵有方，作战英勇，连攻碉卡，皇帝手诏奖勉。后因为战功卓著，擢任陕西固原镇总兵。事定，图形紫光阁，与德赫布并列前五十功臣。乾隆四十六年（1781 年），图钦保在征战时马蹶坠山而亡，赐白金七百。

健锐营将士统计表

姓名	卒年	健锐营职务	其他职务	荣誉	旗籍
丰讷亨	1775	管健锐营事	和硕简恪亲王	三等辅国将军	
永瑺	1788	管健锐营事	和硕庄慎亲王	奉恩辅国公	
奎林	1792	健锐营总统大臣	伊犁将军	承恩公、绷武巴图鲁、图形紫光阁	满洲镶黄旗
瑚尼勒图	1792	管理健锐营	镶红旗蒙古副都统	多卜丹巴图鲁、图形紫光阁、列前五十功臣	满洲镶黄旗
图钦保		健锐营副前锋参领		法福礼巴图鲁、三等侍卫	满洲镶黄旗
富成		健锐营参领	山西太原镇总兵		满洲镶黄旗
达凌阿		健锐营前锋	西安镇总兵		满洲镶黄旗
哈丰阿		健锐营前锋	贵州定广协副将		满洲镶黄旗
德芬		健锐营前锋、委署笔帖式			满洲镶黄旗
安陀保		健锐营前锋		骁骑校	满洲镶黄旗
额尔赛	1773	健锐营前锋校	护军参领	特斯古巴图鲁、云骑尉	满洲镶黄旗
富桑阿	1789	健锐营蓝翎长	委署护军参领	云骑尉	满洲镶黄旗
傅恒	1770	总管健锐营	大学士	一等忠勇公	满洲镶黄旗
阿尔素纳	1773	健锐营前锋	镶白旗蒙古副都统	额腾伊巴图鲁	满洲镶黄旗
观音保		前锋参领	正白旗蒙古副都统	骑都尉世职、图形紫光阁、卓里克图巴图鲁	满洲正黄旗
七十五		领健锐营	西安右翼副都统		满洲正黄旗
赛冲阿	1826	健锐营参领	理藩院尚书、正黄旗满族都统	云骑尉世职、斐灵额巴图鲁、图形紫光阁	满洲正黄旗
乌什哈达	1799	健锐营翼长	镶红旗蒙古副都统	轻车都尉世职、法福哩巴图鲁、图形紫光阁	满洲正黄旗
武隆阿		健锐营前锋	副都统		满洲正黄旗
岱青阿	1756	健锐营副前锋参领	巴里坤、伊犁等处暂任管理台站翼长		满洲正黄旗
九住	1759	健锐营前锋校		云骑尉世职	满洲正黄旗
永安	1759	健锐营前锋校		云骑尉世职	满洲正黄旗
雅尔太	1768	健锐营委署前锋参领		云骑尉世职、三面功牌	满洲正黄旗
扎尔住	1769	健锐营蓝翎长		云骑尉世职	满洲正黄旗
普宁	1772	健锐营前锋	镶蓝旗鸟枪护军参领	云骑尉世职、两面功牌	满洲正黄旗
巴格	1772	健锐营前锋校	鸟枪护军参领	云骑尉世职、十一面功牌	满洲正黄旗
达崇阿	1775	健锐营前锋校		云骑尉世职	满洲正黄旗
官达色		健锐营前锋参领		云骑尉世职	满洲正黄旗

舒亮		金川战争为副都统齐里克齐裨将率健锐营同行	镶黄旗满洲副都统	穆腾额巴图鲁、图形紫光阁	满洲正白旗
色普徵额	1900	健锐营前锋校	宁夏将军	太子少保、骑都尉兼云骑尉世职	满洲正白旗
珠尔格德		健锐营前锋校	正红旗蒙古副都统	扎克博巴图鲁、图形紫光阁	满洲正白旗
塔克慎	1755	健锐营前锋校		云骑尉世职	满洲正白旗
萨尔胡达	1755	健锐营前锋校		云骑尉世职	满洲正白旗
齐旺	1756	委署健锐营前锋校			满洲正白旗
色赫	1756	健锐营前锋校		云骑尉世职	满洲正白旗
穆伦保	1758	健锐营前锋校	二等侍卫	骑都尉世职	满洲正白旗
富勒珲	1772	健锐营前锋章京	正白旗汉军副都统、兼任公中佐领	骑都尉和云骑尉世职	满洲正白旗
神保	1775	健锐营委署前锋参领	湖北兴国营参将	二十八面功牌	满洲正白旗
叶布肯	1775	健锐营前锋校		三面功牌、云骑尉世职	满洲正白旗
台费纳	1759	健锐营副前锋校		云骑尉世职	满洲镶白旗
色津德	1759	健锐营前锋校		云骑尉世职	满洲镶白旗
乌尔泰	1773	健锐营前锋	镶蓝旗副护军参领	九面功牌、云骑尉世职	满洲镶白旗
富敏	1774	健锐营前锋		两面功牌、云骑尉世职	满洲镶白旗
常禄	1775	健锐营委署参领		四面功牌、云骑尉世职	满洲镶白旗
平保	1775	健锐营前锋校		六面功牌、云骑尉世职	满洲镶白旗
成德		健锐营前锋	四川北镇总兵		满洲正红旗
富志那		健锐营副前锋参领	湖南永绥协副将		满洲正红旗
永保	1759	健锐营蓝翎长		云骑尉世职	满洲正红旗
三格泰	1767	健锐营委署前锋校		云骑尉世职	满洲正红旗
彤家宝	1768	健锐营前锋	副护军参领	六面功牌、云骑尉世职	满洲正红旗
佛柱	1768	健锐营前锋参领		五面功牌、云骑尉世职	满洲正红旗
吉尔章阿	1768	健锐营前锋	委署鸟枪护军参领		满洲正红旗
武尔衮德	1770	健锐营前锋	云南昭通镇左营游击	八面功牌	满洲正红旗
明志	1773	健锐营蓝翎长		二十一面功牌、云骑尉世职	满洲正红旗
富森布	1773	健锐营副前锋校		云骑尉世职	满洲正红旗
谙保	1756	健锐营前锋校		云骑尉世职	满洲镶红旗
德禄	1759	健锐营前锋校		二面功牌、云骑尉世职	满洲镶红旗
四十六	1756	健锐营前锋校		云骑尉世职	满洲镶红旗
八十三	1773	健锐营前锋	六品顶带蓝翎	十五面功牌、云骑尉世职	满洲镶红旗

富森太	1773	健锐营蓝翎长		七面功牌、云骑尉世职	满洲镶红旗
富全	1774	健锐营副前锋校		云骑尉世职	满洲镶红旗
登色保	1775	健锐营副前锋参领		云骑尉世职	满洲镶红旗
罗福	1756	健锐营空衔蓝翎		云骑尉世职	满洲镶蓝旗
六十一	1772	健锐营前锋	蓝翎侍卫	明勇巴图鲁、云骑尉世职	满洲镶蓝旗
德喜	1773	健锐营蓝翎长		八面功牌、云骑尉世职	满洲镶蓝旗
法克津	1768	健锐营前锋校		云骑尉世职	满洲镶蓝旗
多隆武	1773	健锐营前锋	甘肃河州协副将	十面功牌	满洲镶蓝旗
武格	1773	健锐营前锋校		十二面功牌、云骑尉世职	满洲镶蓝旗
扎青	1773	健锐营前锋	六品顶带蓝翎	十面功牌、云骑尉世职	满洲镶蓝旗
达赉保	1773	健锐营护军参领	委署护军参领	超等功	满洲镶蓝旗
巴泰	1756	健锐营前锋参领		云骑尉世职	满洲镶蓝旗
海明	1758	健锐营委署笔帖式		云骑尉世职	满洲镶蓝旗
阿尔萨朗	1797	健锐营 副前锋参领	正蓝旗任满洲副都统	阿尔杭阿巴图鲁、骑都尉世职	蒙古镶白旗
巴哈布		健锐营右翼翼长	镶蓝旗蒙古副都统		蒙古正黄旗
耨金	1756	健锐营前锋	护军暂任骁骑校		蒙古镶黄旗
诺海	1757	健锐营副前锋参领		云骑尉世职	蒙古镶黄旗
善德	1757	健锐营委署笔帖式			蒙古镶黄旗
八十一	1758	健锐营委署笔帖式			蒙古镶黄旗
七十三	1756	健锐营蓝翎长		云骑尉世职	蒙古正黄旗
额勒津	1767	健锐营前锋		云骑尉世职	蒙古正黄旗
诺克图	1756	健锐营前锋参领		云骑尉世职	蒙古正白旗
穆克登布	1756	健锐营前锋校		云骑尉世职	蒙古正白旗
诺尔布	1773	健锐营前锋	六品顶带蓝翎	十三面功牌、云骑尉世职	蒙古正白旗
素泰	1767	健锐营副前锋参领		都骑尉世职	蒙古正红旗
柴达木	1773	健锐营前锋	鸟枪护军校	云骑尉世职	蒙古正红旗
释迦保	1773	健锐营前锋	公中佐领	十面功牌	蒙古镶白旗
乌弥泰	1775	健锐营蓝翎长		三面功牌、云骑尉世职	蒙古镶白旗
神保住	1767	健锐营前锋校		五面功牌、云骑尉世职	蒙古正蓝旗
纳兰图	1771	健锐营前锋参领	察哈尔正蓝旗总管	超等功、苏珠克图巴图鲁、云骑尉世职	蒙古正蓝旗
拜凌阿	1775	健锐营前锋校		云骑尉世职	蒙古镶蓝旗
齐里克齐		领健锐营	头等侍卫	布哈巴图鲁勇、图形紫光阁、云骑尉世职	蒙古镶黄旗

3

郊劳典礼

郊劳，是封建帝王在京师郊外远迎和慰劳征战凯旋的将士而举行的盛典。历代帝王都非常重视郊劳大礼，以犒赏征战将士，鼓舞全军士气。清代帝王亦“厚待功臣，以振士心，将帅归旋者，列圣皆行郊劳之礼”。乾隆时期郊劳礼更受重视，典制完善，礼仪隆重，并作为定制载入《大清会典》。

乾隆十四年（1749 年），傅恒带领军队取得第一次金川战争的胜利，乾隆皇帝“特命筑台于黄新庄（今良乡），以旌其功”，之后在这次战争中表现骁勇的将士被安排驻扎在香山脚下组建了健锐营。

乾隆二十五年（1760 年），健锐营参与平定准噶尔回部，凯旋之际，皇帝在良乡再建郊劳台一座。郊劳台东西面宽十六丈，南北进深四十八丈。四面砖砌围墙，墙高七尺，厚一尺一寸。墙外四面植树三层。郊劳礼成后乾隆皇帝还命人将半壁店行宫内一座亭子移建至郊劳台侧，亭内立石碑，刊刻乾隆御制诗《郊劳出征将军兆惠、富德及诸将士礼成纪事诗》。

乾隆四十一年（1776 年），阿桂率军从金川凯旋，健锐营将士在此战中表现英勇，牺牲者众。乾隆皇帝谒东、西陵，奉皇太后谒岱庙，再举行郊劳。郊劳礼前一日，先行筵宴之礼。当日，乐部和声署列队，光禄寺备馔，内务府设黄幕。皇帝御宴设于帐殿中央，王公大臣居左翼，大将军及将士在右翼，按品为序。士兵在右翼之后。

皇帝在中和韶乐奏《隆平之章》的乐曲声中御殿升座。进茶后，大将军奉觞上寿，丹陛清乐声起，皇帝以卮酒亲赐大将军，大将军跪饮。接着皇帝命侍卫分赐从征大臣酒。乐止后进馔。而后，在中和韶乐声中，帐殿内外群臣行酒，乐舞人入内。酒过三巡，再进馔。乐止撤宴，群臣谢恩行礼。丹陛大乐奏《庆平之章》，礼毕乐止，皇帝还行宫。

在《钦定大清会典事例》中记述了有关金川战役凯旋之时的授功场景，其中包含有郊劳景象：

乾隆十四年，平定金川。经略大学士忠勇公傅恒凯旋还京。命王公大臣迎劳于阜成门外。至日，高宗纯皇帝御殿，王公文武百官朝服侍班。经略率凯旋诸臣，咸朝服至丹陛上谢恩，行三跪九叩礼。翼日，赐经略及出征大臣官员将士燕于瀛台，颁赏有差。王大臣等奏请御殿受贺。奉旨。统于恭上……经略大将军克捷。师旋将入城，应遣廷臣出郊迎劳。皇帝临轩。经略大将军还朝，率凯旋文武诸臣，咸朝服于丹陛上谢恩行礼。恭缴敕印，如受敕仪。翼日，赐燕。经略大将军及凯旋大臣官员将士咸与燕，王公满汉大臣陪燕。礼成。经略大将军及随征大臣并官弁等所立功勋，由兵部考核议叙。爵赏各有差。

——光绪朝《钦定大清会典事例》卷四百十三

军事实力向来是一个国家综合实力的重要体现，清朝在乾隆时期国力达到鼎盛，在这一时期的战争中产生了诸多全新的军队，无论从参与战争的数量、性质，还是最终成败来看，健锐营无疑在清朝军事史上具有举足轻重的地位。屡战出征、开疆拓宇的健锐劲旅是一支知方守节、精神健勇的标杆部队，它的建立与发展贯穿于清帝国疆域版图形成的关键时期，见证了我国多民族共同缔造的统一国家的形成，其强劲的战斗力是清朝国力日渐强盛的标志，对国家领土主权完整的维护和中国近代的版图的确定具有不容磨灭的贡献。

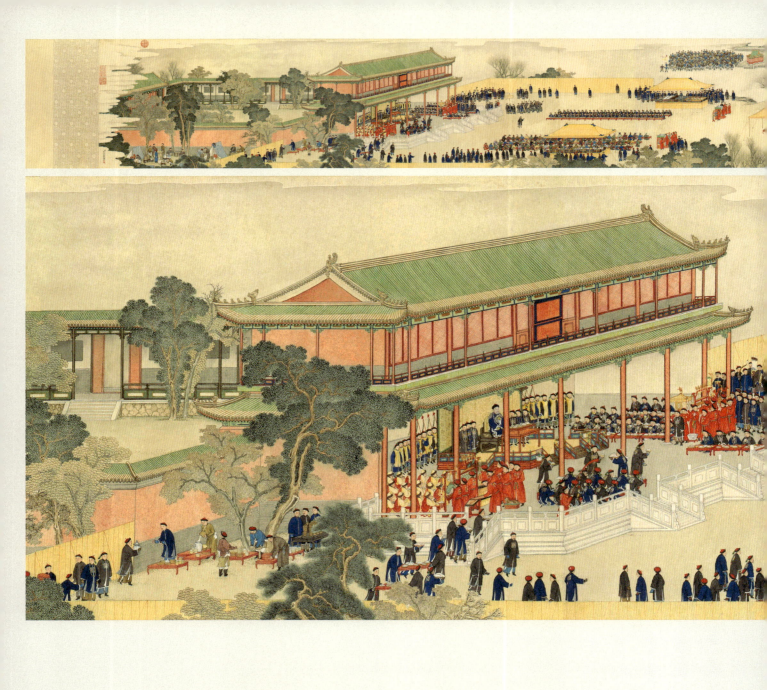

图 20　紫光阁赐宴图卷

二

实胜校场

——健锐营建筑与遗迹

图 21-1

图 21-2

健锐营建筑以建筑群的形式存在于历史中，据史料《钦定八旗通志》记载，“静宜园演武厅琉璃正殿一座五间，前抱厦三间，左右布瓦朝房各五间，俱无匾额。正殿后砖砌圆城一座，前券门上嵌石匾，刻‘威宣壁垒’四字。后券门上嵌石匾，刻‘志喻金汤’四字。前券门上琉璃瓦城楼一座，计五间。后券门上琉璃瓦城楼一座，计三间。内安设石卧碑，上刻《实胜寺后记》，俱无匾额。圆城内左右看守房各三间，俱系乾隆二十六年修建。又实胜寺前琉璃瓦碑亭一座。”

图 22

图 23

图 21　健锐营演武厅旧照（辑录自《旧京返照》）

图 22　健锐营演武厅（1958 年摄）

图 23　健锐营演武厅（1958 年摄）

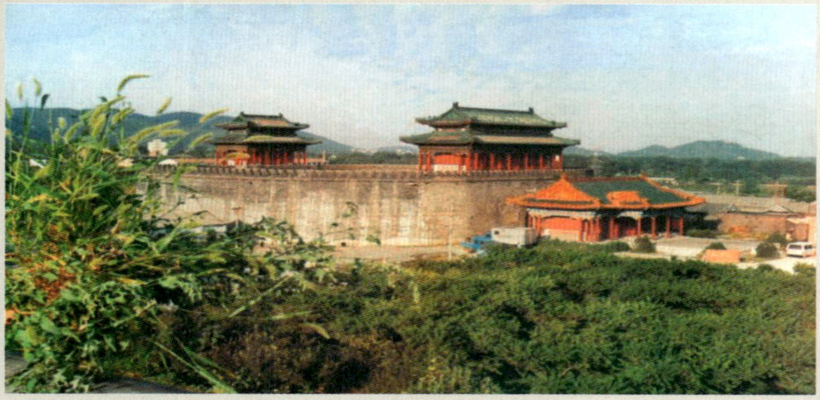

图 24

图 25

图 24　团城未修复东西朝房时的全景

图 25　健锐营演武厅全景

图 26

西城楼门

西城楼门名称记载于《日下旧闻考》，它位于健锐营演武场西侧，又称“梯子楼”。西城楼门面宽 24 米，高 11.2 米，用西山所产毛石砌筑，自然质朴。正中为一拱券门洞，两侧有台阶通达顶部，为演练时将领的指挥台。

图 27

图 28

图 29

图 26 1915—1960 年的西城楼门

图 27 西城楼门西立面

图 28 西城楼门券门

图 29 西城楼门台顶

图 30　西城楼门东立面

图 31

图 32

图 33　图 34

图 31　西城楼门北立面

图 32　西城楼门俯视图

图 33　西城楼门台阶图

图 34　西城楼门台阶细节图

演武厅东西两侧为东西朝房，面阔五间，单檐硬山顶，是大臣陪同皇帝检阅健锐营操练的地方。东朝房毁于1970年左右，仅存台基遗址。2000年原址复建。西朝房于20世纪50年代时被拆毁，只剩基础，1996年在原址基础上复建。

东西朝房

图 35

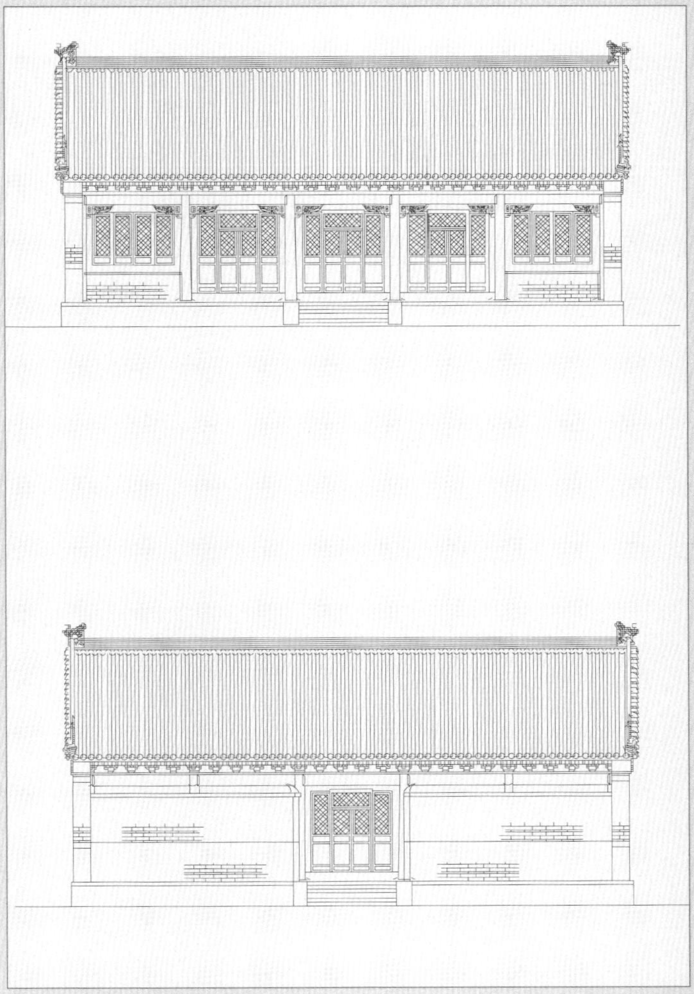

图 36

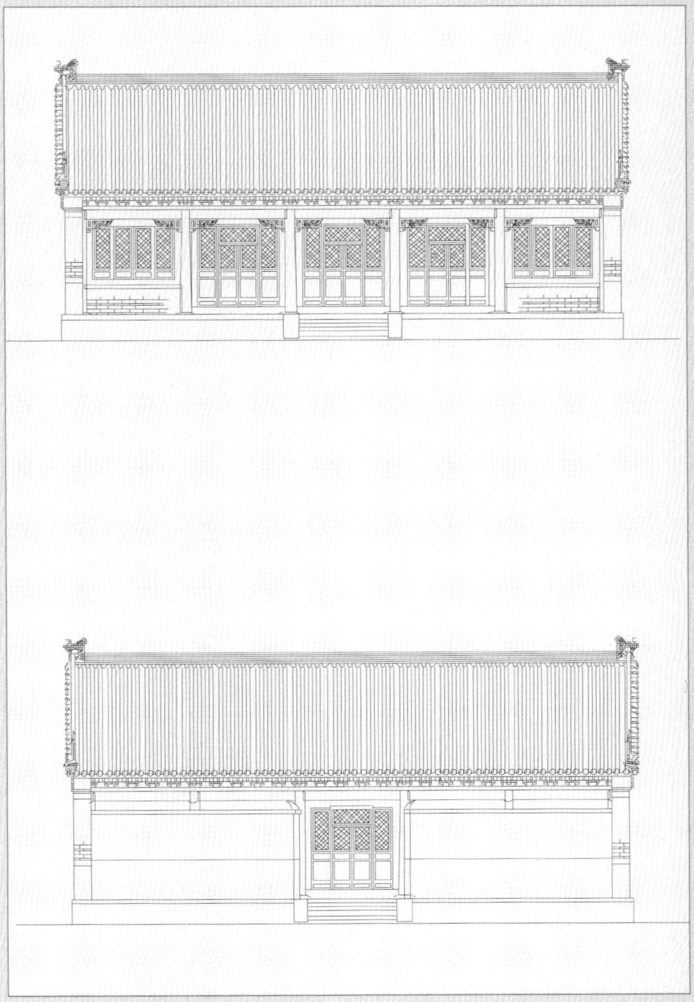

图 35　东朝房南北立面现状

图 36　西朝房南北立面现状

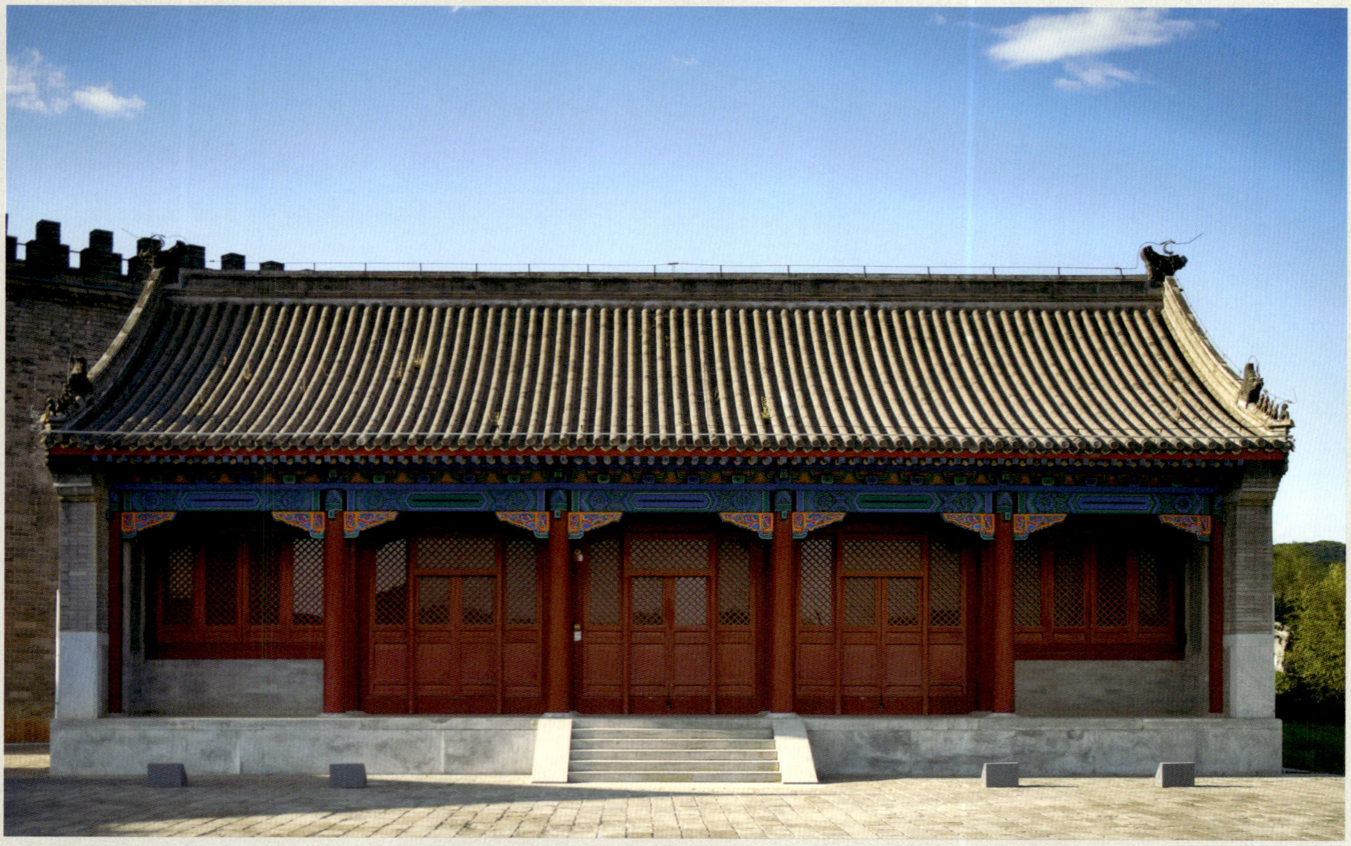

图 37

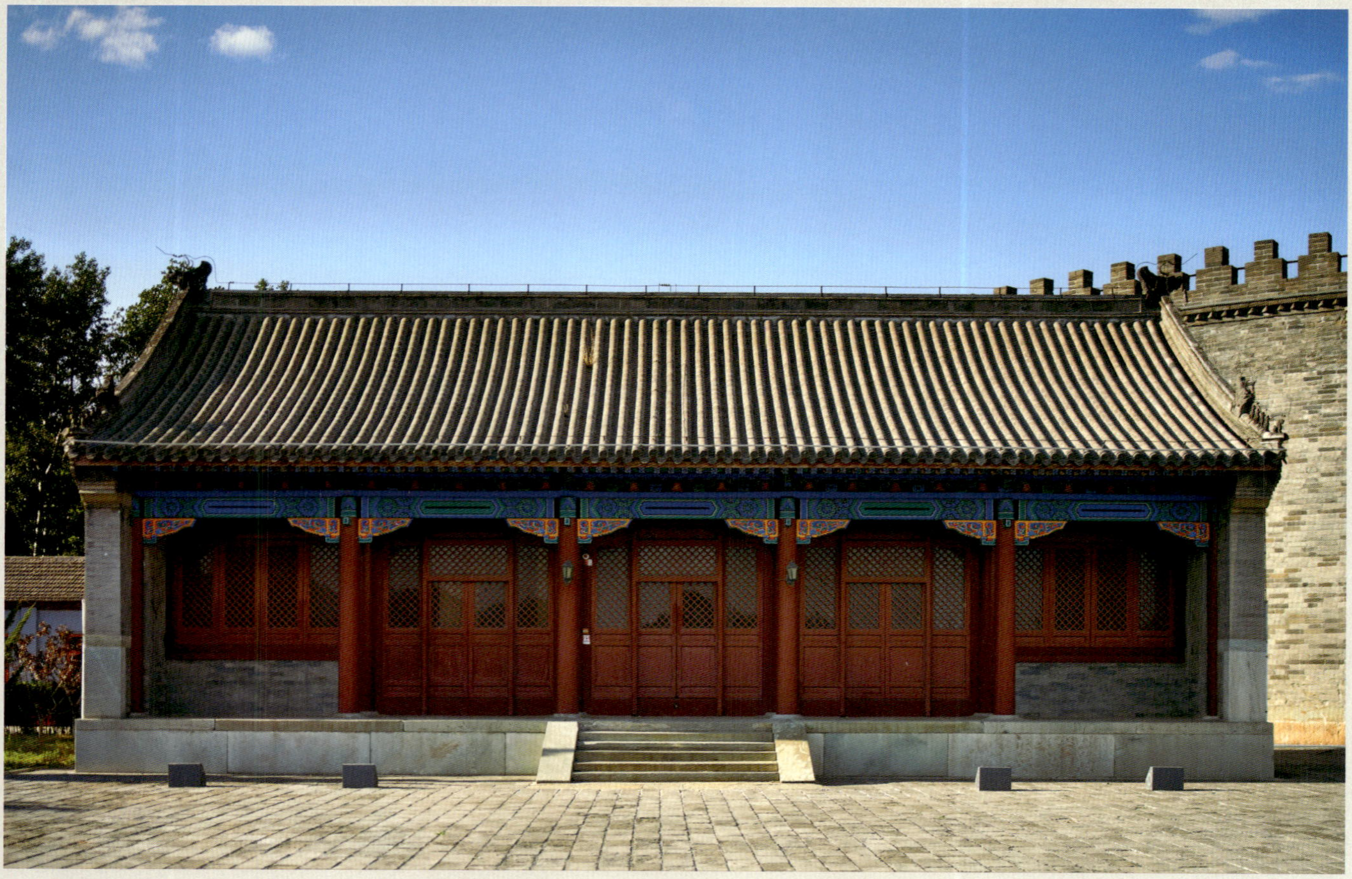

图 38

图 37　东朝房正面图

图 38　西朝房正面图

图 39　演武厅吻兽（左）

图 40　演武厅吻兽（右）

图 39　图 40

演武厅

演武厅位于整组建筑的中轴线上，坐北朝南。单檐黄琉璃歇山顶绿琉璃瓦剪边，前抱厦三间，四周环以回廊，厅前为一宽敞的月台。面阔五间，宽 21 米，进深二间，深 10 米。清朝皇帝曾多次在演武厅检阅健锐营将士。

演武厅内曾悬挂乾隆御书对联：“选士励无前，远宣伟绩；练军垂有久，永视成规。”今庭前抱厦正中挂有爱新觉罗 · 毓岩书“演武厅”黑漆金字匾额。清代乾隆、嘉庆、道光、光绪等多位皇帝曾在这里数十次检阅过健锐营将士。

图 41

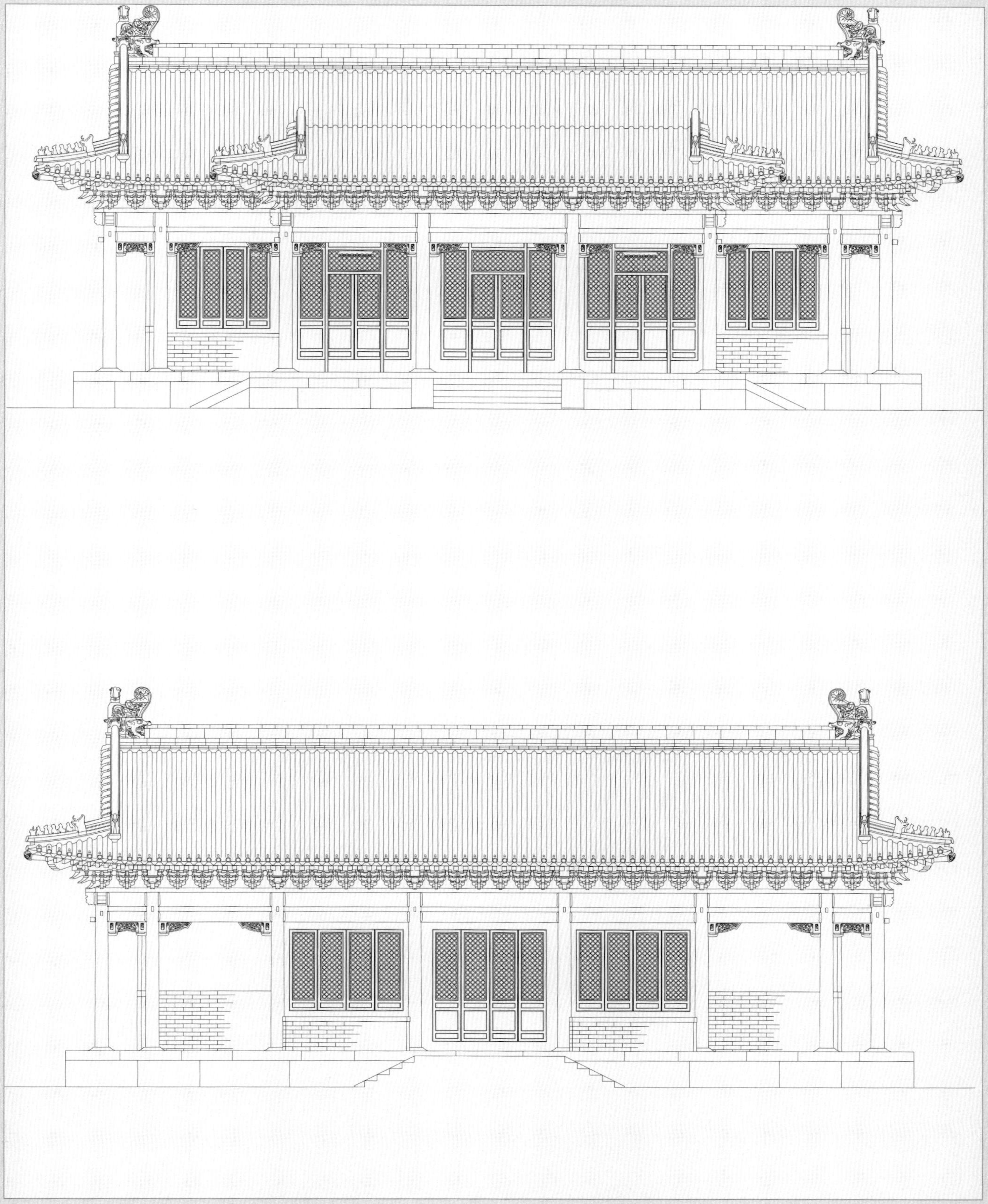

图 41　演武厅平面图

图 42

图 43

图 44

图 45

图 42　演武厅（1958 年摄）

图 43　演武厅（1958 年摄）

图 44　团城演武厅西立面

图 45　团城演武厅南立面

图 46　演武厅正面

图 47　　演武厅西侧面

图 48　演武厅东侧面

图 49

图 50

图 51

图 49　演武厅斗拱

图 50　演武厅内檐彩画局部

图 51　演武厅双龙戏珠天花

图 52

图 53

图 54

图 55

图 52　外檐大小额枋旋子彩画

图 53　外檐大小额枋旋子彩画局部（一）

图 54　外檐大小额枋旋子彩画局部（二）

图 55　外檐大小额枋旋子彩画局部（三）

图 57

图 58

图 56　演武厅额枋旋子彩画

图 57　演武厅额枋旋子彩画局部（一）

图 58　演武厅额枋旋子彩画局部（二）

图 59　演武厅额枋旋子彩画局部（三）

图 56

图 59

图 60

图 61

图 62

图 63

图 60　演武厅内檐瑞兽彩绘（一）

图 61　演武厅内檐瑞兽彩绘（二）

图 62　演武厅内檐瑞兽彩绘（三）

图 63　演武厅内檐瑞兽彩绘（四）

图 64

图 65

图 64　　演武厅内檐瑞兽彩绘（五）

图 65　　演武厅内檐瑞兽彩绘（六）

团城

团城，也称圆城、看城。城内东西直径 50.2 米，南北直径 40 米，城高 11 米，城厚 5 米。平面呈椭圆形，造型奇特。团城面积仅 2000 平方米左右。以青色大城砖砌筑而成，南北各有券洞供人出入，门洞上方各有汉白玉石匾一块，南城匾额为“威宣壁垒”，北城匾额为“志喻金汤”，均为乾隆御书。城内东西各设厢房三间，供日常值守的士兵值班之用。东北、西北各有踏道直达城上。

图 66

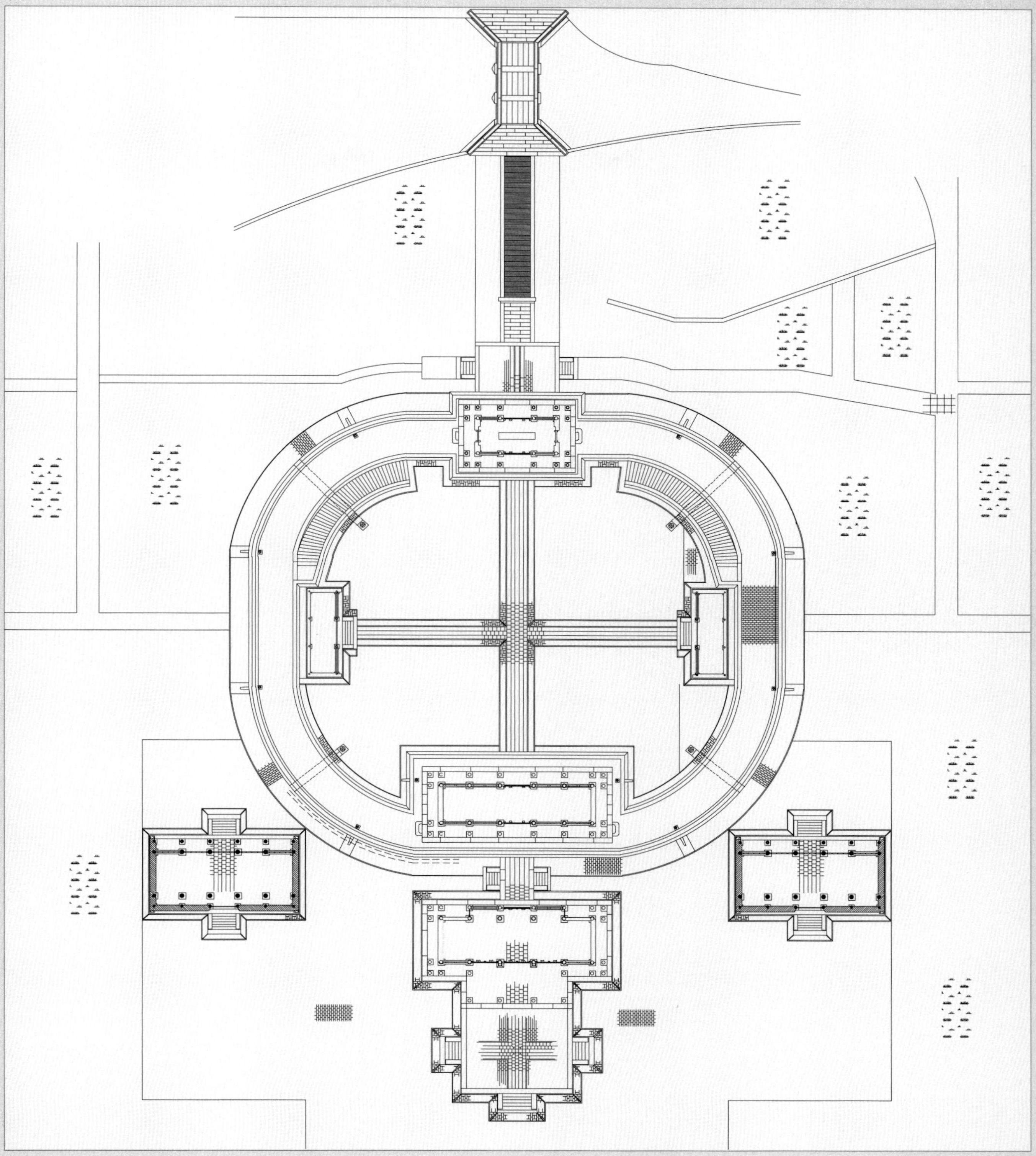

图 66　　团城平面图

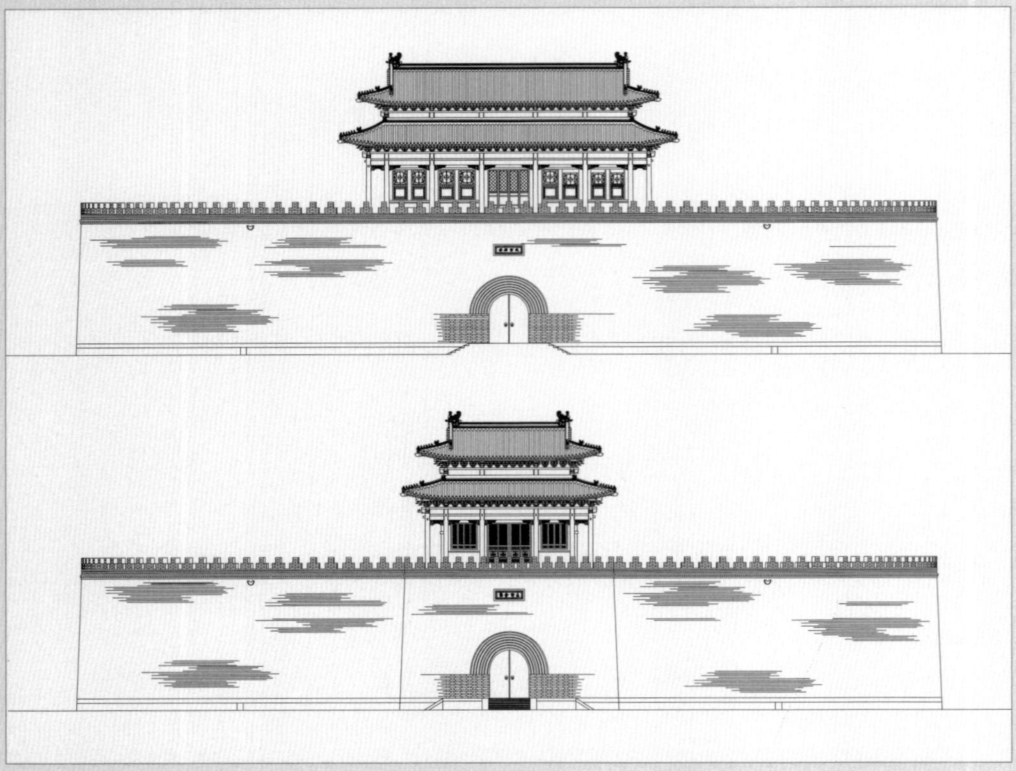

图 67

图 68

图 67　团城立面图（一）

图 68　团城立面图（二）

图 69　团城（1924—1927 年 甘博摄）

图 70　西城台内侧女儿墙外侧雉堞

图 71　城台排水

图 69

图 70

图 71

湯金喻

图 72

图 73

图 72　志喻金汤匾额

图 73　团城西侧面

图 74　团城东侧面

南
城
楼

南城楼面阔五间，四周围廊，重檐歇山顶绿琉璃瓦剪边，带斗拱，上层檐为重昂五踩斗拱，下层檐为单翘单昂五踩斗拱。根据中国第一历史档案馆的资料记载，南城楼内原来放置着床和痰盂等用具。南城楼是演武检阅时皇帝与官员们休息的场所。

图 75

图 76

图 75　团城南城楼北立面

图 76　南城楼东立面

图 77　南城楼北立面

图 78

图 78　　南城楼夜景

北城楼

北城楼面阔三间，四周围廊，重檐歇山顶绿琉璃瓦剪边，带斗拱，上层檐为重昂五踩斗拱，下层檐为单翘单昂五踩斗拱。

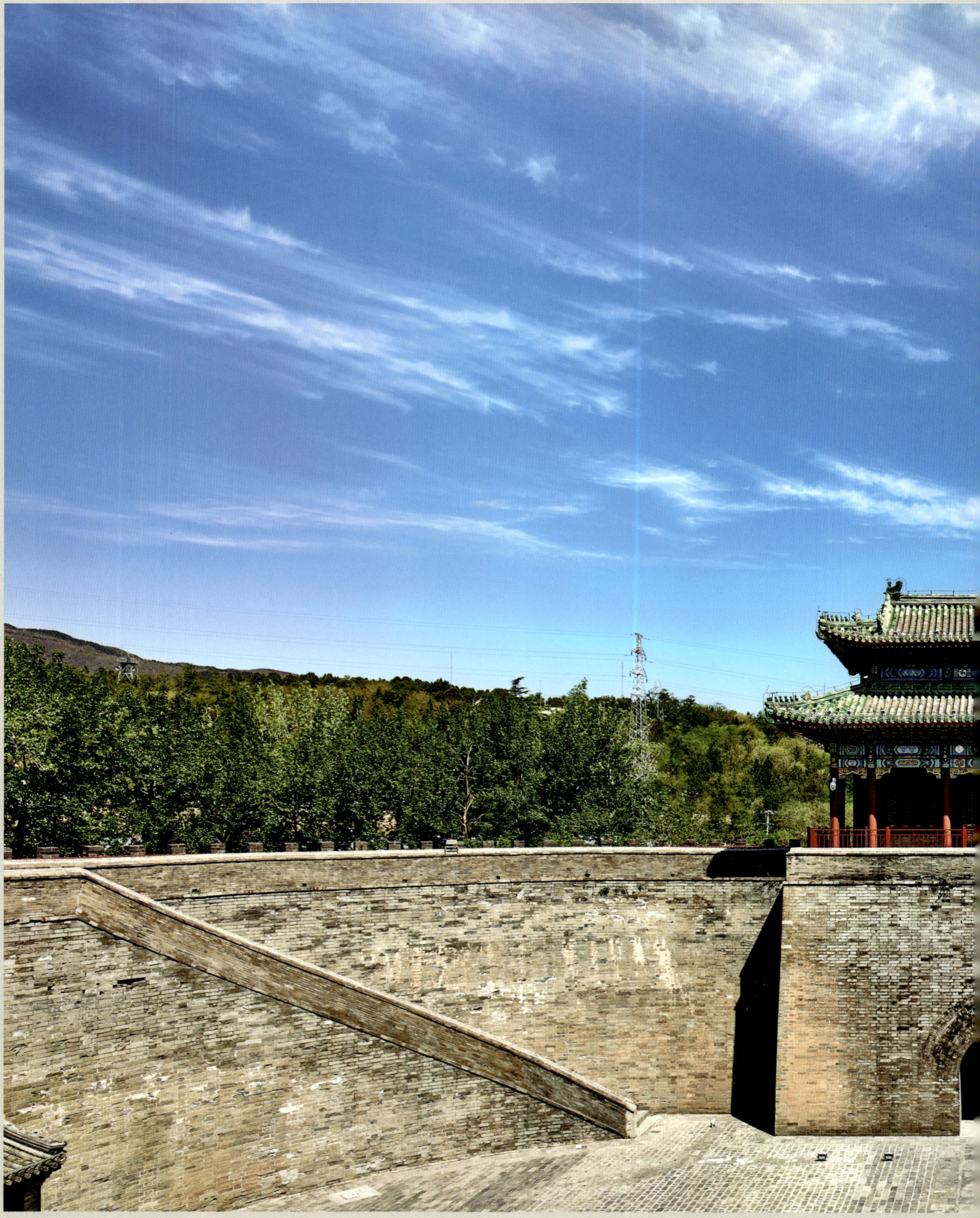

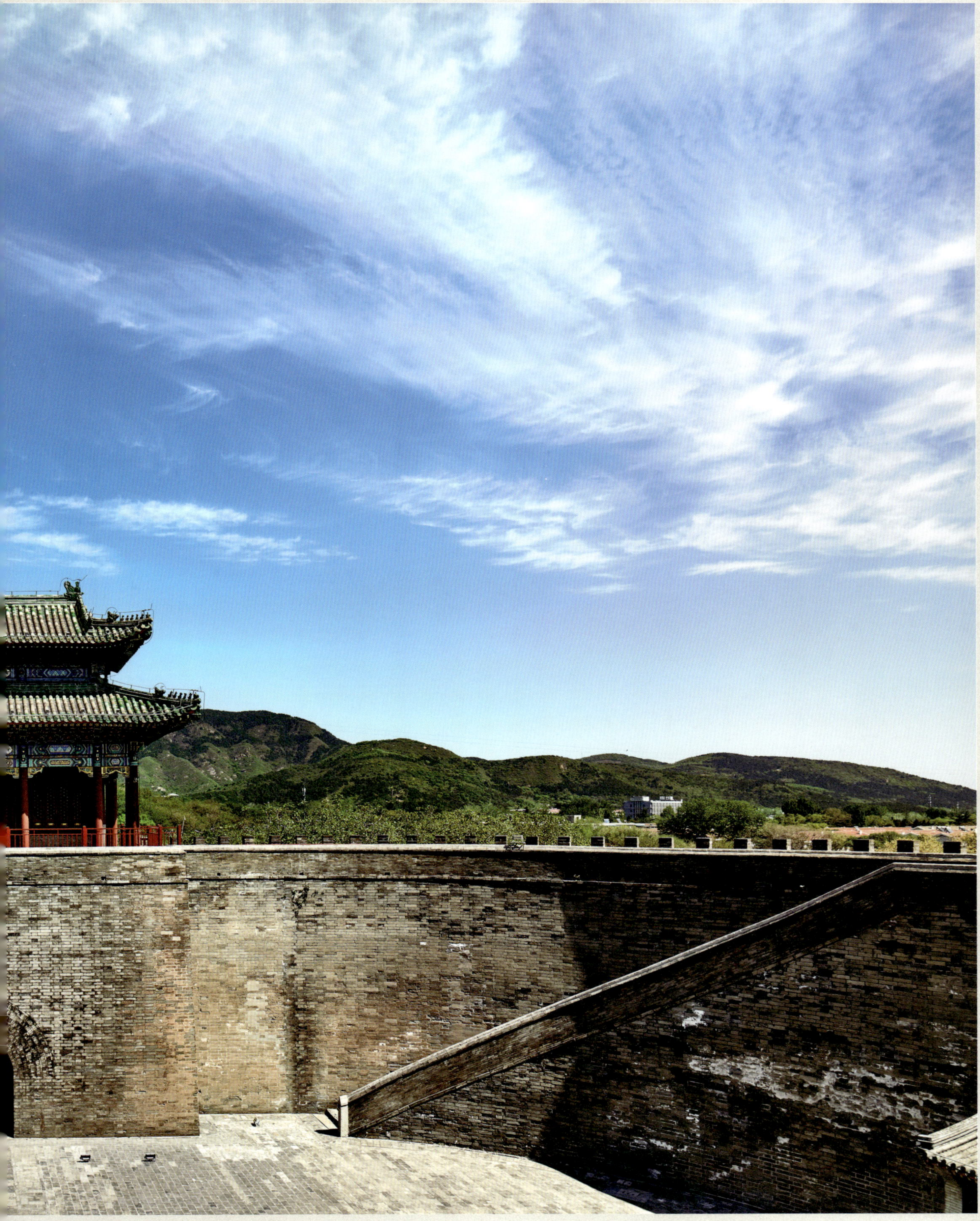

图 79　北城楼正面

图 80

图 81

图 82

图 80　北城楼天花

图 81　北城楼合角吻兽（一）

图 82　北城楼合角吻兽（二）

图 83

图 84

图 85　图 86

图 83　北城楼内檐瑞兽彩绘(一)

图 84　北城楼内檐瑞兽彩绘(二)

图 85　北城楼内檐瑞兽彩绘(三)

图 86　北城楼内檐瑞兽彩绘(四)

图 87

图 88

图 87　北城楼内檐瑞兽彩绘（五）

图 88　北城楼内檐瑞兽彩绘（六）

图 89

图 90

图 91

图 92

图 89　北城楼内檐瑞兽彩绘（七）

图 90　北城楼内檐瑞兽彩绘（八）

图 91　北城楼内檐瑞兽彩绘（九）

图 92　北城楼内檐瑞兽彩绘（十）

楼内有一长方形巨大卧碑，额高 79 厘米，宽 403 厘米，厚 70 厘米。碑身高 166 厘米，宽 387 厘米，厚 54 厘米，浮雕云纹、夔龙拱璧。须弥座，高 97 厘米，宽 412 厘米，厚 73 厘米。碑身阳面刻汉、满两种文字，阴面刻蒙、藏文。汉文为高宗弘历御制并正书。通高 3.42 米，用满、蒙、汉、藏四种文字镌刻着《御制实胜寺后记》，碑文对健锐营在平定准噶尔回部叛乱及其他战役中立下的赫赫战功进行了表彰。

图 93　团城北楼及登城马道

图 94

图 95

图 94　　北城楼南立面

图 95　　北城楼北立面

图 96　　北城楼西侧面风景

石
桥

团城北侧的河道上，为南北向的三孔平桥，桥体、桥面及栏板均为石材，长约 17 米，桥面长度 9.9 米，宽 4.15 米。桥墩用花岗岩石砌筑，桥面用石板铺筑，桥面上东、西两侧设有罗汉栏板，罗汉栏板南、北两端雁翅均设抱鼓石。该桥是清代皇帝检阅健锐营，从香山静宜园驾临演武厅的必经之路。

图 97

图 98

图 97　　石桥

图 98　　石桥桥栏西侧面

图 99

图 100

图 101

图 99　石桥桥栏

图 100　石桥俯视图

图 101　石桥

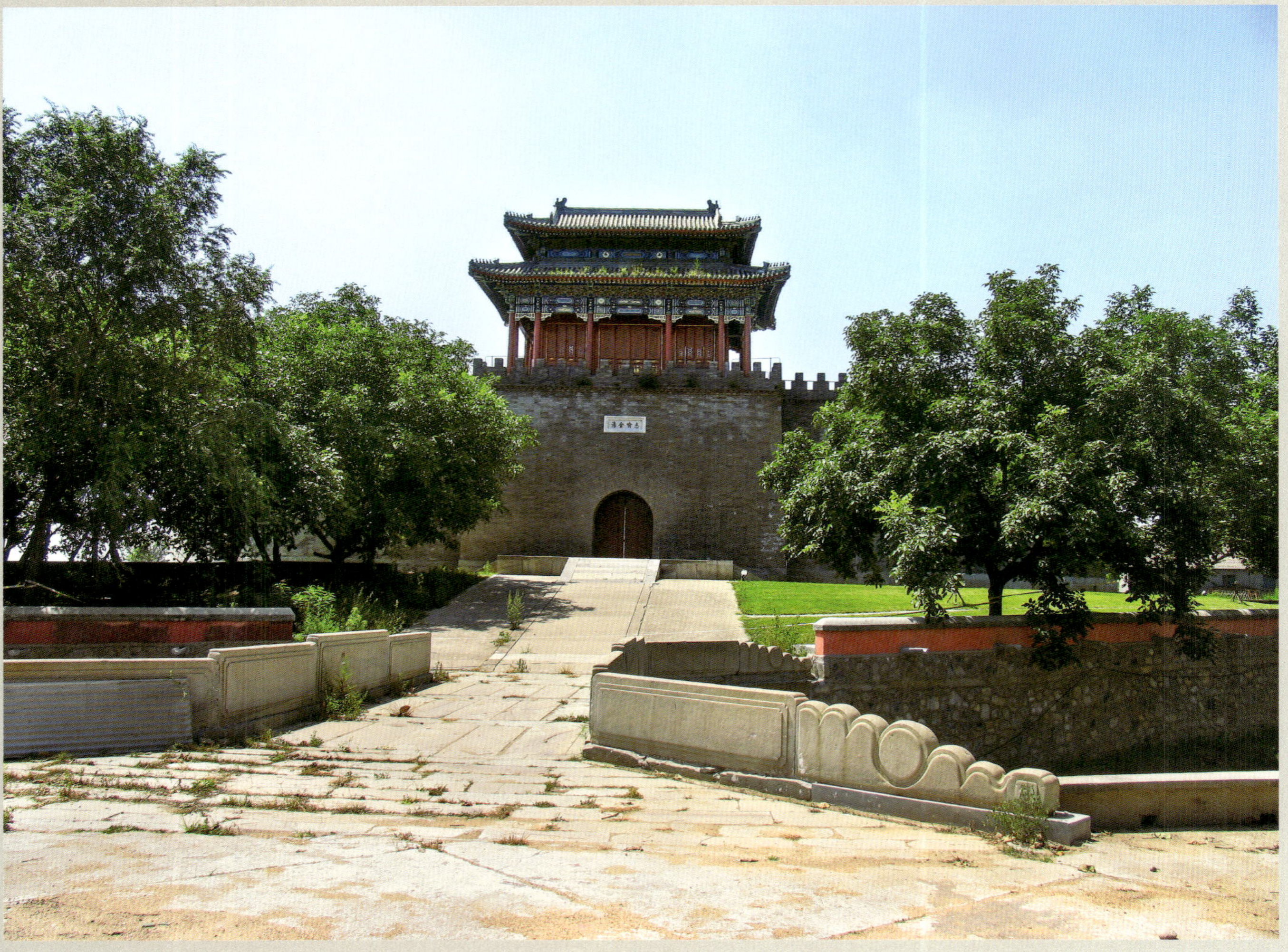

图 102

图 103

图 102　石桥及北城楼北立面

图 103　石桥西侧面

实胜寺碑亭

登上南城楼，向西南方望去，可以看见在西城楼门的南面有一座实胜寺碑亭。皇太极曾在沈阳修建了一座实胜寺用以表彰自己功绩。乾隆在取得金川之战的胜利之后，就打算仿效其祖先也修建一座实胜寺，来歌颂自己的战功。只是乾隆并没有新建一座寺庙，而是将原来就存在的明代鲍家寺改名为“实胜寺”。实胜寺原址在现在的炮兵管理处里，寺已无存，只剩下这座碑亭，依稀可感受到当时的繁盛。

碑亭为黄琉璃重檐歇山顶，汉白玉围栏（现已毁坏），亭的四角屹立着四棵古树。碑亭中央竖立着一座四面方碑。碑身四面分别用满、蒙、汉、藏四种文字书写碑文，其中汉文为乾隆皇帝御笔，彰显了碑亭的尊崇地位。

图 104　图 105

图 104　实胜寺碑亭（1958 年摄）

图 105　碑亭西立面（2007 年摄）

图 106

图 107

图 106　实胜寺碑亭南立面（一）

图 107　实胜寺碑亭南立面（二）

图 108

图 109

图 108　实胜寺碑亭东立面

图 109　实胜寺碑亭侧面

放马黄城

放马黄城位于演武厅东南方向，由一段弧形的城墙和七座碉楼组成。史书记载“其土城门五，内设碉楼七处”。两端起点各筑一碉，其间开有五个城门，紧邻城门又有石碉与城墙相连。会操检阅前，骑兵列队埋伏在放马黄城内，待到令下，骑兵由此飞马而出，在校场内进行各种骑射表演。放马黄城原高 6 米，厚 1 米，顶部为锯齿形垛口，城墙上开五座城门，城墙内侧砌有七座碉楼，城内有宝顶坟若干，总面积约为 2.87 公顷。放马黄城在 20 世纪 50 年代时被拆毁，现地面仅残留部分基础。

图 110

图 111

图 112

图 110　放马黄城内侧碉楼历史影像（1911—1927 年 Carroll Brown Malone 摄）

图 111　放马黄城

图 112　放马黄城（1958 年文物普查时摄）

三

历史丰碑

——碑刻与御制诗

第一节

碑刻

碑刻作为重要的实物文献史料是研究历史的重要材料。此次选出的六通碑刻，详尽权威地呈现了健锐营所参与的两次平定金川战役以及平定准噶尔回部叛乱战争的重要史实内容。其中《敕建实胜寺碑记》《实胜寺后记》全面突出地展现了健锐营在两次战役中的地位与作用，所选碑文均具有重要的史料价值与研究意义。

乾隆皇帝仿照其先祖清太宗皇太极在盛京（沈阳）兴建实胜寺的做法，在北京香山脚下改建了一座实胜寺，专门记颂京西特种部队——健锐营的功绩，健锐营也赖实胜寺的威名和保佑，为乾隆朝立下了汗马功劳。

实胜寺，乾隆十四年敕建也，在静宜园演武厅西北。寺即鲍家寺遗址，旧称表忠寺，明刹。乾隆己巳，大学士忠勇公傅恒金川功成，因命就旧有寺葺新之，名曰实胜，并立健锐云梯营，建屋于寺之左右居之。殿前立高宗御制实胜寺记，乾隆己巳制。后记，乾隆辛巳制。碑高丈余，方广四面如一，刻国书、蒙古、汉书、梵书四体。（《寺院册》）寺两掖石楼屹立，青槐百株，交蔽修衢，殿植果松四株，枝叶婆娑，覆阴无隙地。寺下又有胜公寺，石垣周遭，若一县郭，其中飞楼相望，清渠激户，杂花满楹。（《珂雪斋集》）又八旗印房之西，有白衣观音庵，乾隆十四年建。

——北京古籍出版社点校本《光绪顺天府志·京师志十七》

1

御制实胜寺碑

原碑共两块，分别坐落于实胜寺院内及实胜寺山门外的碑亭中，现寺已不存，但两块碑依旧流传至今。其中藏于碑亭内的四面方碑，汉白玉材质，碑体巨大，通高 5.7 米，额高 1.45 米，宽 1.75 米。碑身高 3.10 米，宽 1.55 米，有“西山碑王”之美誉。碑额有篆书“御制”二字，四面均雕成“二龙戏珠”；碑侧雕有高浮雕云纹、龙戏珠；下部须弥座式，高 1.15 米，宽 1.92 米。碑身四面分别用满、蒙、汉、藏四种文字书写碑文，碑文记述了健锐营成立的过程，是研究健锐营历史的重要资料。

图 113

图 113　“御制实胜寺碑”碑记（汉文）

图 114

图 115

图 114　“御制实胜寺碑”碑记（满文）

图 115　“御制实胜寺碑”碑记（蒙文）

图 116

图 116　“御制实胜寺碑”碑记（藏文）

图 117　“御制实胜寺碑”碑首

图 117

另一座碑现立于附近山上，碑身正反面刻有汉藏两种文字。内容与碑亭内碑文相同。碑身一侧另刻有《实胜寺叠去岁韵》一诗。原诗作于乾隆五十三年（1788 年），讲述的是乾隆皇帝为平定台湾叛乱，派遣满洲巴图鲁将士赴台平叛，以一当百取得战争胜利的内容。

图 118

图 118　“御制实胜寺碑”碑身纹饰(一)

图 119　“御制实胜寺碑”碑身纹饰(二)

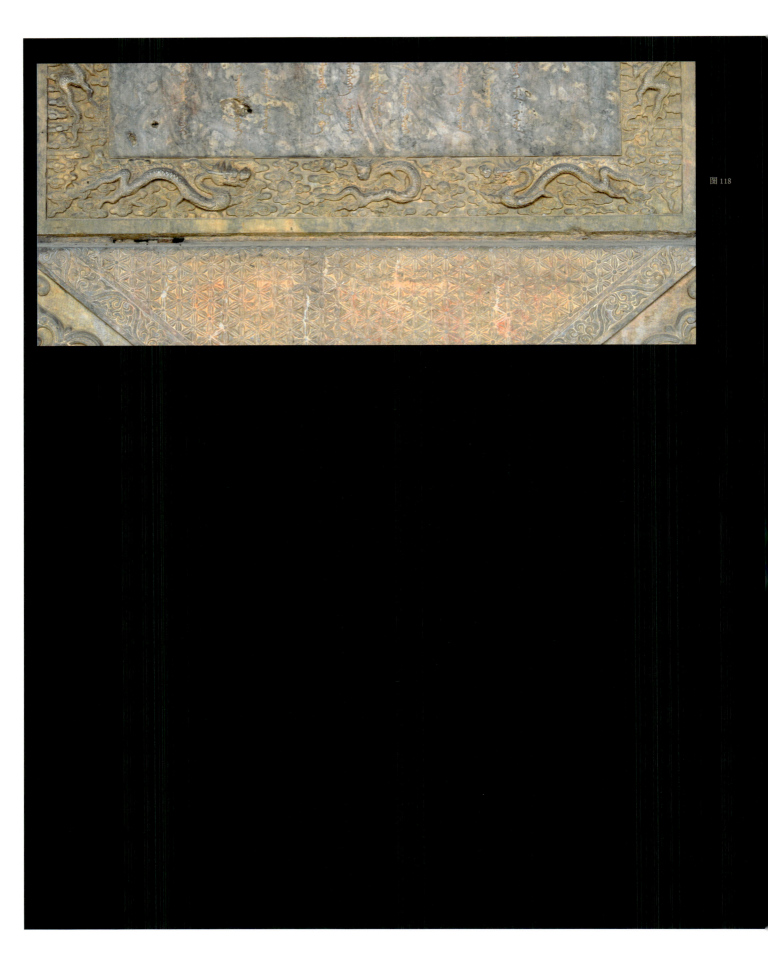

图 119

图 120

图 120　“御制实胜寺碑”碑座纹饰(一)

图 121　“御制实胜寺碑”碑座纹饰(二)

图 122　“御制实胜寺碑”碑座纹饰(三)

图 121

图 122

图 123

图 124

图 123　实胜寺碑记（庙碑）

图 124　实胜寺碑记（庙碑）局部

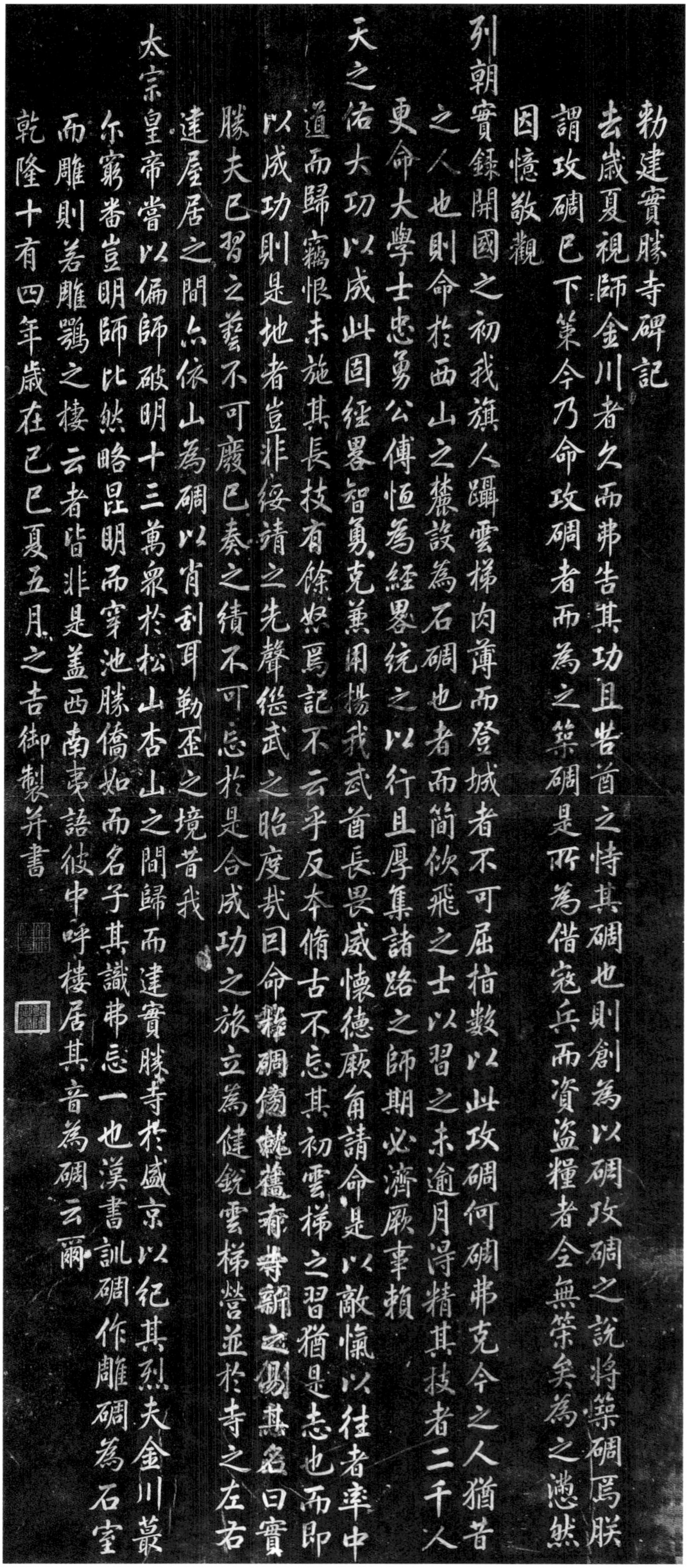
勅建實勝寺碑記
去歲夏視師金川者久而弗告其功且旹酋之恃其碉也則創為以碉攻碉之説將築碉焉朕
謂攻碉已下策今乃命攻碉者而為之築碉是所為借寇兵而資盜糧者全無策矣為之憮然
因憶敬觀
列朝實錄開國之初我旗人躡雲梯肉薄而登城者不可屈指數以此攻碉何碉弗克今之人猶昔
之人也則命於西山之麓設為石碉也者而簡佽飛之士以習之未逾月得精其技者二千人
更命大學士忠勇公傅恒為經畧統之以行且厚集諸路之師期必濟厥事賴
天之佑大功以成此固經畧智勇克兼用揚我武酋長畏威懷德厥角請命是以敵愾以往者率中
道而歸竊恨未施其長技有餘怒焉記不云乎反本脩古不忘其初雲梯之習猶是志也而即
以成功則是地者豈非綏靖之先聲繼武之昭度哉曰命雜碉傍就舊有寺新之錫其名曰實
勝夫已習之藝不可廢已奏之績不可忘於是合成功之旅立為健銳雲梯營並於寺之左右
建屋居之間亦依山為碉以肖刮耳勒歪之境昔我
太宗皇帝嘗以偏師破明十三萬衆於松山杏山之間歸而建實勝寺於盛京以紀其烈夫金川蕞
尒窮番豈明師比然略昆明而穿池勝僑如而名子其識弗忘一也漢書訓碉作雕碉為石室
而雕則為雕鶚之棲云者皆非是蓋西南夷語彼中呼樓居其音為碉云爾
乾隆十有四年歲在己巳夏五月之吉御製并書

图 125　“实胜寺碑”碑文

碑文

去岁夏，视师金川者久而弗告其功，且苦酋之恃其碉也，则创为以碉攻碉之说，将筑碉焉。朕谓攻碉已下策，今乃命攻碉者而为之筑碉，是所为借寇兵而资盗粮者，全无策矣，为之懑然。因忆敬观列朝实录，开国之初，我旗人蹑云梯肉薄而登城者不可屈指数。以此攻碉，何碉弗克？今之人犹昔之人也，则命于西山之麓设为石碉也者，而简佽飞之士以习之。未逾月，得精其技者二千人，更命大学士忠勇公傅恒为经略，统之以行，且厚集诸路之师，期必济厥事，赖天之佑，大功以成。此固经略智勇克兼，用扬我武。酋长畏威怀德，厥角请命。是以敌忾以往者率中道而归，窃恨未施其长技，有余怒焉。记不云乎！反本修古，不忘其初。云梯之习犹是志也，而即以成功。则是地者，岂非绥靖之先声，继武之昭度哉！因命于碉傍就旧有寺新之，易其名（石碑原刻：择向庀材建寺于碉之侧）曰实胜。夫已习之艺不可废，已奏之绩不可忘。于是合成功之旅，立为健锐云梯营，并于寺之左右建屋居之，间亦依山为碉，以肖刮耳勒歪之境，昔我太宗皇帝尝以偏师破明十三万众于松山杏山之间，归而建实胜寺于盛京以纪其烈。夫金川蕞尔穷番，岂明师比。然略昆明而穿池，胜侨如而名子，其识弗忘一也。《汉书》训“碉”作“雕”，碉为石室而雕则若雕鹗之栖云者，皆非是。盖西南夷语彼中呼楼居其音为碉云尔。

乾隆十有四年岁在己巳夏五月之吉御制并书

《实胜寺叠去岁韵》

实胜寺每兆实胜，蒙天恩不可无记。
匪予始乃自太宗，松杏山攻率子弟。
敬述此事用此名，西域金川早如志。
以为是后应偃武，与民休息可无事。
不意丙午岁之冬，台湾邪教萌逆计。
两提臣乃互观望，不敢首进更退避。
以此养痈贼蔓延，攻城掳社猖獗至。
更命重臣征劲兵，百巴图鲁娴师律。
屡战屡胜擒二竖，三月功成乱反治。
幸哉未致辱前名，不然何以掩斯愧？

乾隆戊申清和月中浣叠去岁韵御笔

图 126　碑身侧图

2

御制实胜寺后记碑

坐落于团城演武厅北城楼内，为一巨大的长方形卧碑。碑额高 79 厘米，宽 403 厘米，厚 70 厘米。碑身高 166 厘米，宽 387 厘米，厚 54 厘米，浮雕云纹、夔龙拱壁。须弥座，高 97 厘米，宽 412 厘米，厚 73 厘米。碑身阳面刻汉、满两种文字，阴面刻蒙、藏文。汉文为高宗弘历御制并正书。通高 3.42 米，浮雕云龙纹拱壁，用满、蒙、汉、藏四种文字镌刻着《御制实胜寺后记》，碑文对健锐营在平定准噶尔回部叛乱及其他战役中立下的赫赫战功进行了表彰。

图 127　“实胜寺后记碑”阳面（汉文、满文）

图 128　“实胜寺后记碑”阴面（蒙文、藏文）

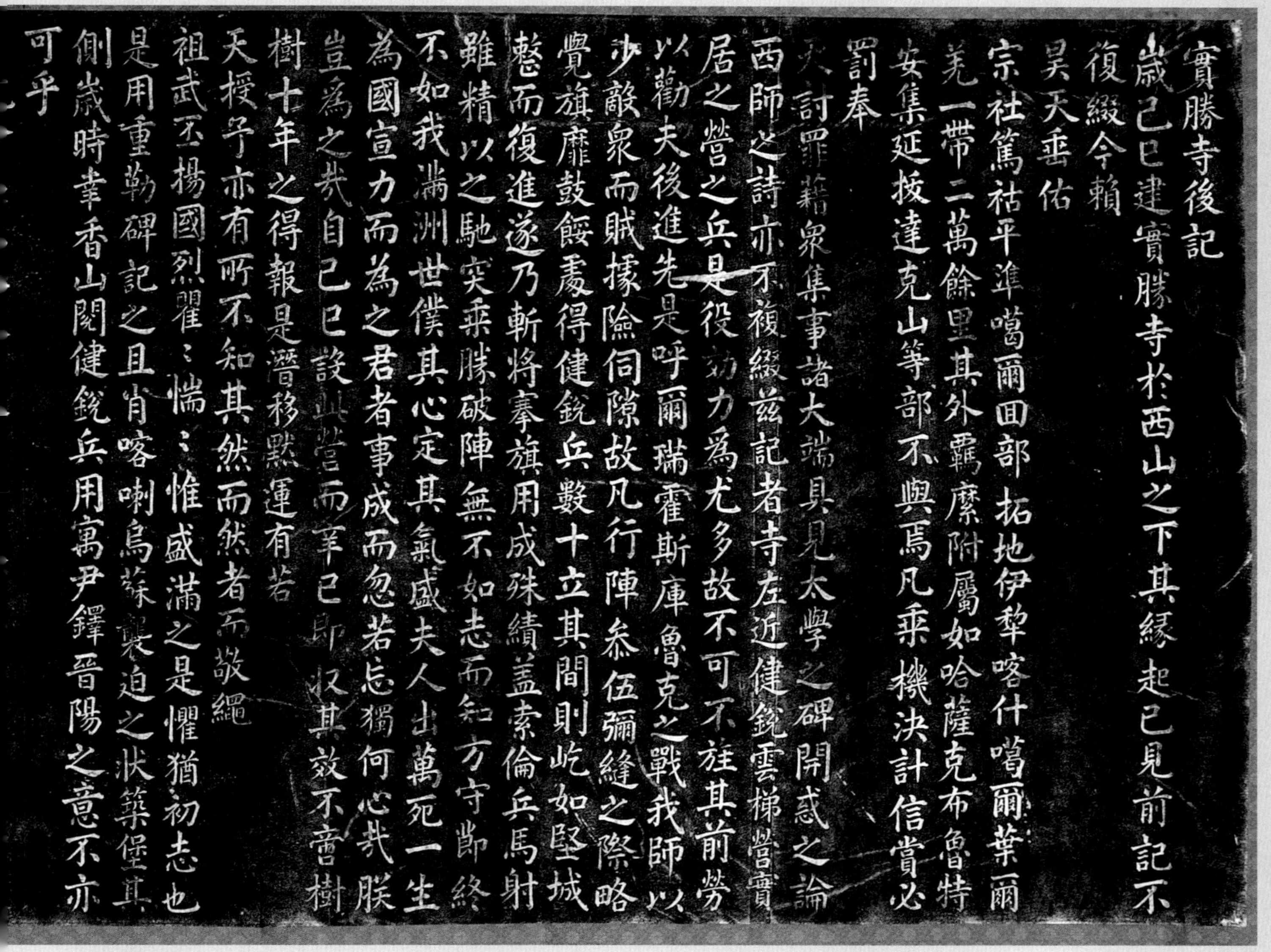
實勝寺後記
歲己巳建實勝寺於西山之下其緣起已見前記不
復綴今賴
昊天垂佑
宗社篤祜平準噶爾回部拓地伊犁喀什噶爾葉爾
羌一帶二萬餘里其外羈縻附屬如哈薩克布魯特
安集延拔達克山等部不與焉凡乘機決計信賞必
罰奉
天討罪藉衆集事諸大端具見太學之碑開惑之論
西師之詩亦不複綴茲記者寺左近健鋭雲梯營實
居之營之兵是役効力為尤多故不可不旌其前勞
以勸夫後進先是呼爾瑞霍斯庫魯克之戰我師以
少敵衆而賊據險伺隙故凡行陣叅伍彌縫之際略
覺旗靡鼓餒夌得健鋭兵數十立其間則屹如堅城
整而復進遂乃斬將搴旗用成殊績蓋索倫兵馬射
雖精以之馳突乘勝破陣無不如志而知方守節終
不如我滿洲世僕其心定其氣盛夫人出萬死一生
為國宣力而為之君者事成而忽若忘獨何心哉朕
豈為之哉自己巳設此營而辛巳即收其效不啻樹
樹十年之得報是潛移默運有若
天授予亦有所不知其然而然者而敬繩
祖武丕揚國烈瞿瞿惴惴惟盛滿之是懼猶初志也
是用重勒碑記之且肖喀喇烏蘇襲迫之狀築堡其
側歲時幸香山閱健鋭兵用寓尹鐸晉陽之意不亦
可乎

图 129　“实胜寺后记碑”碑文

图 130

图 131

图 130　“信天主人”印和“乾隆宸翰”印

图 131　“实胜寺后记碑”石侧面

图 132

图 133

图 132 “实胜寺后记碑”左侧面

图 133 “实胜寺后记碑”底座纹饰

图 134

图 135

图 136

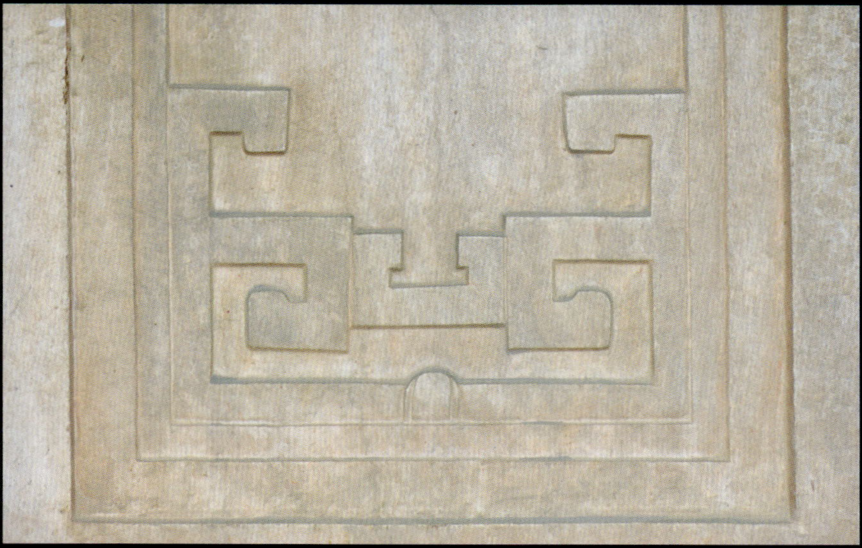

图 137

图 138

图 134　“实胜寺后记碑”纹饰局部（一）

图 135　“实胜寺后记碑”纹饰局部（二）

图 136　“实胜寺后记碑”纹饰局部（三）

图 137　“实胜寺后记碑”纹饰局部（四）

图 138　“实胜寺后记碑”纹饰局部（五）

碑文

岁己巳建实胜寺于西山之下，其缘起已见前记，不复缀。今赖昊天垂佑，宗社笃祜，平准噶尔回部拓地伊犁、喀什噶尔、叶尔羌一带二万余里，其外羁縻附属如哈萨克、布鲁特、安集延、拔达克山等部不与焉。凡乘机决计、信赏必罚、奉天讨罪、藉众集事诸大端具见太学之碑，开惑之论，西师之诗，亦不复缀。兹记者，寺左近健锐云梯营实居之，营之兵是役效力为尤多，故不可不旌其前劳，以劝夫后进。先是，呼尔璊霍斯库鲁克之战，我师以少敌众，而贼据险伺隙，故凡行阵参伍弥缝之际，略觉旗靡鼓馁处，得健锐兵数十立其间，则屹如坚城，整而复进。遂乃斩将搴旗，用成殊绩。盖索伦兵马射虽精，以之驰突，乘胜破阵无不如志，而知方守节，终不如我满洲世仆，其心定，其气盛。夫人出万死一生，为国宣力，而为之君者事成而忽若忘，独何心哉？朕岂为之哉？自己巳设此营，而辛巳即收其效，不啻树树十年之得报，是潜移默运有若天授，予亦有所不知其然而然者，而敬绳祖武，丕扬国烈，瞿瞿惴惴，惟盛满之是惧，犹初志也。是用重勒碑记之，且肖喀喇乌苏袭迫之状，筑堡其侧，岁时幸香山阅健锐兵，用寓尹铎晋阳之意，不亦可乎！

乾隆辛巳孟夏月之吉御制并书

3

平定两金川告成太学碑

“御制平定两金川告成太学碑”，现藏于孔庙和国子监博物馆。乾隆四十一年 (1776 年) 四月二十八日乾隆帝行受俘礼后，命勒石大成殿阼阶前。碑文叙述了两征金川的原因、在大小金川征战的经过及战争的艰苦情况以及对皇上本人功过的评述，与“御制平定朔漠告成太学碑”和“御制平定青海告成太学碑”“御制平定准噶尔告成太学碑”，合称清代四大平定御碑，是研究大小金川之役的重要资料。碑文书法遒劲飘逸，用洗练的语言将波涛暗涌逶迤曲折的战事讲述得惊心动魄。碑文涉及反对分裂、维护国家统一，具有深厚的历史底蕴和丰厚的文化内涵，同时也具有很高的艺术价值。

御製平定兩金川告成太學碑文

太上立德其次立功又其次為立言而德與功皆賴言以傳言之無文行而不遠文之時義大矣哉然傳德之辭直而寡傳功之辭費而多直而寡者不因文而德自見二典三謨經世立教是也費而多者必因文而功乃明周誥殷盤佶屈聱牙是也吾嘗讀韓昌黎平淮西碑益患此言之不爽何則彼其藩鎮乃家奴之類慫恿因循以致宛成敵國削而平之是宜引以為愧而不可炫以為功賴昌黎之文幾與江漢常武同稱者定然有識者固知其辭費而多飾而未知憲宗之愧與弗愧耳今之平定金川之文不有類於斯乎解之者曰逆首羈縻徼外非若淮蔡之居中土元濟之為世臣也吾則以為既已受職為土司則是我臣而其地近接成都遠連衛藏則是我土我土我臣而橫生逆志蠶食鄰封將欲大有所為弗勦而滅之則西川將不能安枕茲雖蕆事與平定淮蔡擒吳元濟何以異故宜引以為愧而不可炫以為功者以此金川之始見於己巳告功之文茲不復記記其復叛而復征則其陰謀負恩已自戊寅年始蓋戊辰之師實緣其跳梁不靖而師既臨境彼即窮蹙乞降遂以赦罪頒師甫十年而其首郎卡即與革布什咱搆釁又四年遂與綽斯甲布及三雜谷為敵而逆子索諾木兇悖益甚自恃地險人衆力強與各土司搆兵訖無寧歲故各土司皆畏之如虎而以勢分力散又莫能如之何余以為業已受其降不宜復加兵且蠻觸鬭爭不足以勞王師因命地方文武大吏隨宜彈壓令弗越內地界亦足以安民而示度可不虞地方大吏欲息事而每示寬逆酋轉以為無足懼而日益逞其小金川逆酋僧格桑者始則與索諾木水火相仇繼乃狼狽為奸於是索諾木計殺革布什咱土司色楞敦多布取其印敕以歸而僧格桑亦侵佔鄂克什地界且糵兵圍其土司色達拉之官寨期於必取總督阿爾泰提督董天弼知事不可掩乃有糵兵之請是役也咸咎阿爾泰依違誤事之過而余則以為阿爾泰之過皆余之過蓋金川因其地險衆悍久蓄異志是以有裁至難州橋之謠則其不忘內地情率可知戊辰之役我師深入屢勝即不宜赦其罪而受其降此一誤也甫十年而郎卡倡恩作亂以及逆子踵其蹟皆不及糵兵問罪惟令地方大吏隨宜處置又屢誤也以至尾大不掉終於興師故予不咎人之議為窮兵黷武而轉咎己之類於姑息養奸蓋中國之制外域張弛代則彼畏而斂跡主和好則彼輕而生心漢唐宋明之覆轍率可鑒也若謂予窮兵黷武則予賴

天恩平伊犁定回部拓疆二萬餘里豈其尚不知止足而欲滅蕞爾之金川以為揚赫濯紀勳烈之圖哉雖然平伊犁定回部其事大矣然費帑不及三千萬成功不過五年茲兩金川小冠地不逾千餘里人不滿三萬戶而費帑至七千萬成功亦遲至五年則以跬步皆險番奴効命死守故得延至今日而我將軍阿桂立志堅定決機明敏兩副將軍及參贊領隊諸臣同心合力各軍士敵愾奮勇凡經大小數百餘戰而後成功視平伊犁定回部費力特不啻倍蓰設非

天恩助順衆志成城則金川未易言滅而國威或致少損矣是不可以不記觀斯文者尚諒予懷慚悔過之不暇知非稱功詡德而為言其庶幾乎繫之以辭用誌始末云爾

小金首禍曰僧格桑兵救鄂什竟抗顏行督臣提臣每事遷就知弗勝任將軍別授攻破巴朗直取達圍進抵資哩數月克之兩路夾擊遂得美諾鼠竄狼奔金川助惡既平攢拉遂討促浸雪多境險奏功以沈賊更遮鄰綠營怯懦遇戰辟易兵既無能將復失算豈如南路全師而返重調勁旅吉林索倫健銳火器其心忠純仍分兩路堂堂正正不旬日間美諾重定既入馬尼並克黍養旗兵允得其力阿桂西路則屢建功羅博瀾普達遂谷噶克宗喇穆山梁日則了口舉黙格爾以援其後明亮宜喜亦據嶺梁而復難進徒然望洋明亮河西亦有所據日旁以前五十里路釀三路進一阻宜喜及彼絨布遇險而止逮昨乙未略康薩爾木思工噶賊碉並毀捷未至既克西里逼若建甑科布索隆古不日而傾夾河兩軍聲息可通並清後路遂克爾宗菑則大海昆色拉枯層層破要步步披嶇雍中舍齊易如拉朽索圖噶喇依賊其奚走設非西路圍噶喇依則其兩路亦無進期遂克勒圖紅旗飛遞而何四月大是時河西明亮亦入富德馬邦傳檄芥拾諸軍既合火攻周遭雖據三穴訖其奚逃然猶死守四十餘日計窮力竭乞命而出金川之功阿桂居首特恩異數加之宜厚能出能入有權有經運長擊短後實先聲金川之功允資摩力寸步層峰永滑石灰將軍指揮無不奮勇以此破敵鹿塚瓏種金川之功非予所期事弗可已久而得之鬪猶獸困捨慈難肋念我衆勞至今心惻金川之功允賴

上蒼靖彼蕃徼我武惟揚勒碑太學用遵成例靜言思之文以誌愧

乾隆四十一年歲次丙申三月之吉御筆

图 139

御製平定兩金川告成太學碑文

太上立德其次立功又其次為立言而德與功皆賴言以傳言之無文行而不遠文之時義大矣哉

誥殷盤佶屈聱牙是也吾嘗讀韓昌黎平淮西碑益患此言之不爽何則彼其藩鎮乃家奴之類

辭費而多飾而未知憲宗之愧與弗愧耳今之平定金川之文不有類於斯乎解之者曰逆酋羈

土我臣而橫生逆志蠶食鄰封將欲大有所為弗勦而滅之則西川將不能安枕茲雖蕆事與平

則其陰謀負恩已自戊寅年始蓋戊辰之師實緣其跳梁不靖而師既臨境彼即窮蹙乞降遂以

人衆力強與各土司搆兵訖無寧歲故各土司皆畏之如虎而以勢分力散又莫能如之何余以為

不慶地方大吏欲息事而每示寬逆酋轉以為無足懼而日益逞其小金川逆酋僧格桑者始則

界且裝兵圍其土司色達拉之官寨期於必取總督阿爾泰提督董天弼知事不可掩乃有裝兵

州橋之謠

降此一誤也甫十年而郎卡偕恩作亂以及逆子踵其蹟皆不及裝兵問罪惟令地方大吏随宜

則彼畏而斂跡主和好則彼輕而生心漢唐宋明之覆轍率可鑒也若謂予窮兵黷武則予賴

天恩平伊犁定回部拓疆二萬餘里豈其尚不知止足而欲滅蕞爾之金川以為揚赫濯紀勳烈之圖

七千萬成功亦遲至五年則以跬步皆險番奴効命死守故得延至今日而我將軍阿桂立志堅

不啻倍蓰設非

天恩助順衆志成城則金川未易言滅而國威或致少損矣是不可以不記觀斯文者尚諒予懷慚悔

小金首禍曰僧格桑兵救鄂什 竟抗顏行

攻破巴朗 直取達圍進抵資哩數月克之兩路夾擊遂得美諾鼠竄狼奔

重調勁旅吉林索倫健銳火器其心忠純

既入馬爾 並克鞏養旗兵允得其力 喇穆山梁日則了口舉黙格爾以擾其後

克宗 明亮河西亦有所據日旁以前五十里路 蓝則大海昆色拉枯層

捷來至既克西里迺若建瓴科布 索隆古不日而傾 設非西路圍噶喇依則其兩路亦無

死守四十餘日計窮力竭乞命而出 金川之功阿桂居首特恩異數加之宜厚

滑石及將軍指揮無不奮勇以此破敵鹿垂龍種金川之功非予所期事弗可已久而得之鬮猶

上蒼靖彼蕃徼我武惟揚勒碑太學用遒成例靜言思之文以誌愧

乾隆四十一年歲次丙申三月之吉御筆

图 140

图 139 “御制平定两金川告成太学碑”碑文

图 140 “御制平定两金川告成太学碑”碑文局部

4

御制平定金川勒铭美诺之碑

始建于清乾隆四十一年（1776 年），原碑及碑亭已毁，现仅存其遗址及碑额、碑座残片。原碑文为乾隆皇帝亲制，满蒙藏汉四体合璧碑文。平定金川后，乾隆皇帝为纪事表功，亲制三通纪功碑于金川地区，它们分别是“御制平定金川勒铭美诺之碑”“御制平定金川勒铭勒乌围之碑”以及“御制平定金川勒铭噶喇依之碑”，此碑为其中之一。美诺（即儹拉），是小金川官寨所在地，也是第二次金川战争的始发之地，乾隆皇帝立纪功碑，有“是用勒铭酋巢，永镇窄徼”之意。

5

御制平定金川勒铭勒乌围之碑

始建于清乾隆四十一年（1776 年），原碑现保存于四川金川县，碑身已有残缺。碑文为乾隆皇帝亲制，满蒙藏汉四体合璧碑文。碑文采用记叙和议论的手法详细描述和阐述了清朝乾隆皇帝派兵围剿大金川土司官寨之一——勒乌围的整个经过。碑文以写实的风格，真实再现了这场战役的场面和风貌，是研究大小金川之役的重要资料。碑文不仅清楚地交待了这场战役的起因、时间、地点、人物、战术，而且还对其相关的问题进行了阐述。碑文有云：“乃派健锐、火器营兵二千，吉林兵二千，索伦黑龙江兵二千，并派西安、荆州驻防满兵四千前往，以为之倡。又添派陕、甘、滇、黔、两湖精锐数万，合力大举。”

6

御制平定金川勒铭噶喇依之碑

始建于清乾隆四十一年（1776 年），原碑现存金川县，是目前川西北高原保存最好的御碑。噶喇依，也称噶拉依，改土归流后称崇化屯，现为金川县安宁乡。此地原是大金川土司的官寨。此碑碑文采用议论和记叙的手法详细阐述了清朝乾隆皇帝派兵平定大金川土司官寨之一——噶喇依的整个过程。

图 141　御制平定金川勒铭噶喇依之碑

第二节

御制诗

乾隆皇帝御制诗数量众多，以纪实为主，从皇帝视角记载与解读重大军事政治事件，除了诗句本身，诗内还包含大量乾隆皇帝自注，或阐释背景，或解释诗句的含义，或补充诗句内容，乾隆御制诗具有重要的史学价值。

健锐营成立后，乾隆皇帝非常重视这支部队，常躬身校阅，由感而发，留下健锐营相关御制诗二十余篇。这些诗或表彰健锐营战功，或记述健锐营参与战争的细节，或赞扬健锐营的健勇精神，或反思自身，从而反映出健锐营这支特种部队的重要军事价值。

现将《御制诗集》中部分御制诗抄录如下：

1.《赐健锐云梯营军士食即席得句（乾隆十五年）》（参“松堂碑”碑文）

朕于实胜寺旁造室庐以居云梯军士，命之曰健锐云梯营。室成居定，兹临香山之便，因赐以食。是营皆去岁金川成功之旅。适金川降虏及临阵俘番习工筑者数人，令附居营侧，是日并列众末俾预惠焉。

犹忆前冬月，云梯始习诸。（戊辰冬月有香山阅云梯兵之作。）
功成事师古，戈止众宁居。
实胜招提侧，华筵快霁初。
馂余何必惜，可以逮豚鱼。

2.《阅健锐营习武（乾隆二十六年）》

健锐垂营制，勤教子弟兵。
果然实效获，遂用大功成。
耆定敢因懈，诘戎益致精。
简良行赏遍，弧矢亦亲抨。

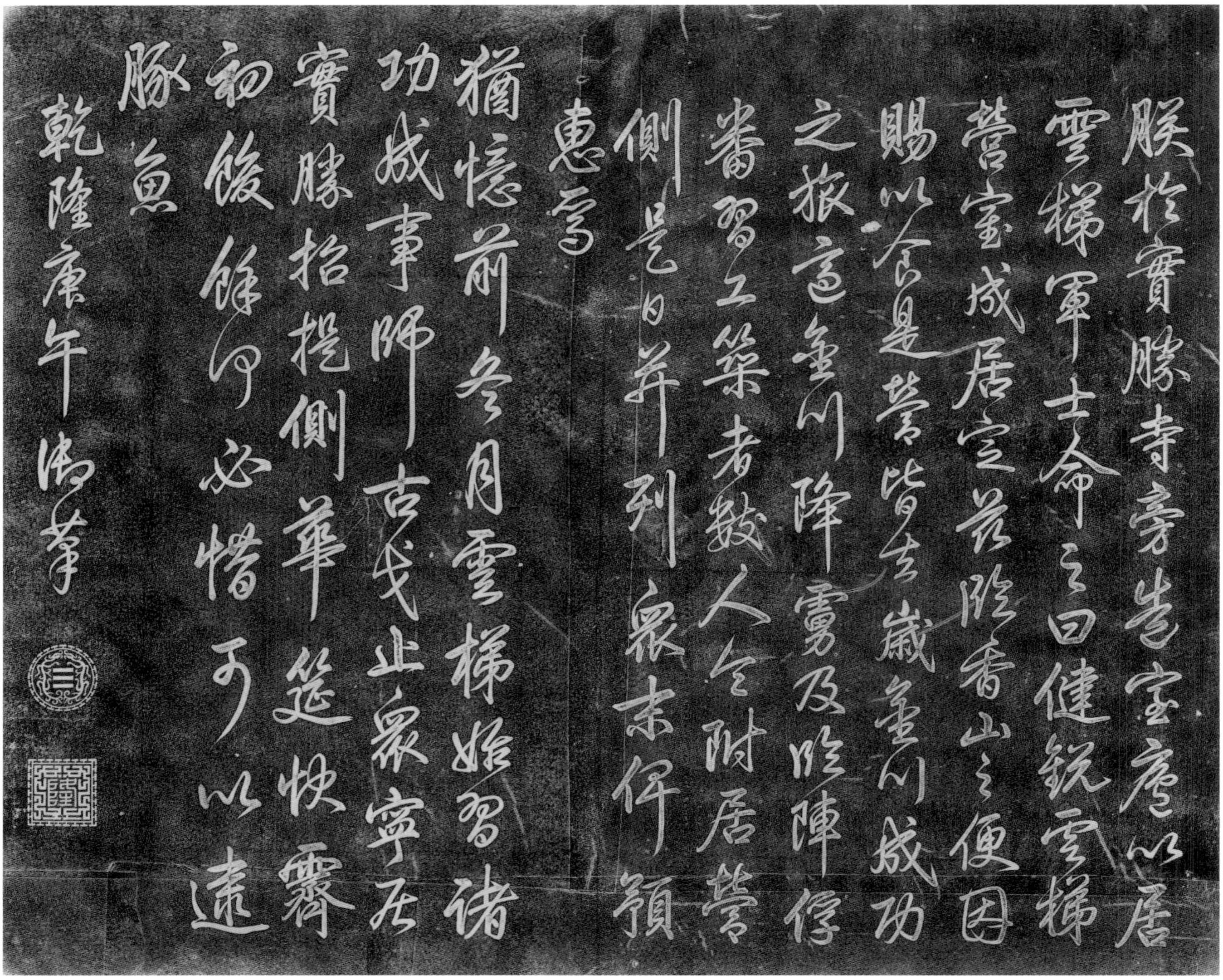
朕於實勝寺旁造室廬以居
雲梯軍士命之曰健鋭雲梯
營室成居之茲臨香山之便因
賜以食是營皆去歲金川成功
之旅適金川降虜及臨陣俘
番習工築者數人今附居營
側是日并列衆末俾領
惠焉
猶憶前冬月雲梯始習諸
功成事師古戈止衆寧居
實勝招提側華筵快霽
初後餘何必惜于以遠
豚魚
乾隆庚午御筆

图 142 “松堂碑”碑文

3.《阅武（乾隆三十二年）》

健锐练精旅，香山聚队居。
知方素嘉尔，阅武便临予。
所尚赳桓实，宁夸声势虚。
展伸布行雁，偏伍列丽鱼。
抚壮诚欣矣，问劳尚悯如。
藉兹成伟绩，（前此平定回部时，健锐营士卒所至奋勇先登，屡奏攻坚陷阵之捷，遂成大功。）耆定可忘诸。

4.《阅武（乾隆三十四年）》

自葺实胜寺，爰居健锐营。
铺敦恒藉是，开拓竟因成。
缅甸何无赖，王师斯有征。
重臣奉命讨，耆定贵先声。

5.《阅武（乾隆四十四年）》

久矣兹偃武，慎哉尚诘戎。
备而期不用，习以待成功。
履地云梯捷，连环火器雄。
按劳行赏遍，士气鼓薰风。

6.《实胜寺（乾隆四十四年）》

沈阳既建都，佛宇于焉构。
名之曰实胜，义盖叔孙取。
遂致定中原，万方徕辐辏。
虽资幽赞力，允藉神功茂。
小子承先烈，月将而日就。
戊辰筑梵宇，西山之东岫。

题额实同之，金川功速奏。
其后五年间，准回归我宥。
黩武则何敢，诘戎亦云懋。
揠胜胥以实，循名幸略副。
惟励继绳心，永赖祖宗佑。

7.《过南岭阅健锐营肄武作（乾隆四十七年）》

健锐置营久，远奢俾习勤。（香山初置健锐营，选八旗精壮子弟，列营聚处。其地远隔城市奢华，于习勤肄武尤为有益。）
从来出桓赳，屡藉建功勋。（营中官兵屡经调派出京，最称勇敢，平定西陲及两金川，均著有劳绩。）
是日观操练，果然超匹群。
赏因旌善布，等第要明分。（四月二十一日，亲阅健锐营鸟枪弓箭及马上四枪四箭，并各种技艺，俱能娴熟超群。因命颁赏其超众者，加倍赏给，以示优奖。）

8.《阅武（乾隆四十八年）》

不黩还勤诘，由来经国常。
因乘驻銮暇，遂阅训貔方。
分翼登梯垒，（健锐营习云梯、马步射、鸟枪诸技最为精练。每校射时云梯兵按旗分翼，贾勇先登，尤称趫捷。）总戎试射场。（是日适寿春镇总兵袁敏，重庆镇总兵马镇国来觐，因命试射，以观其技练习否也。）
未能亲示度，略觉恧无遑。（向年每阅武时，必先亲射以示观法，自庚辰臂病后，步射艰于持满命中，每引为愧，屡见于诗也。）

9.《番筑碉（乾隆十五年）》

番筑碉，筑碉不在桃关之外，乃在实胜寺侧西山椒。
狼卡稽颡归王化，网开三面仁恩昭。
叔孙名子不忘武，佽飞早已旋星轺。
俘来丑虏习故业，邛笼令筑拔地高。
昔也御我护其命，今也归我效其劳。
番筑碉，不惟效劳尔，乃忘其劳。
魋结环耳面顙顖，嗜酒喜肉甘膻臊。

但得酒肉一醉饱，浑忘巴朗卡撒其故巢。

其妇工作胜丈夫，粉不能白仾且么。

不藉绳墨与规矩，能为百尺森岹峣。

番筑碉，侏离番语为番谣，扬声强半不可晓。

大都慕义怀恩膏，亦不为汝慕义怀恩膏。

我自两阶文德舞戚旄，偶肖汝制役汝曹，

赉汝金钱为锦袍。

10.《阅武（乾隆五十三年）》

轻舆清晓过南山，阅武旌劳未可删。

所愧躬倡未乘骑。（昔年阅武，必乘马至教场，或亲御弧矢示之，身先之道，固应如是。近以年近八旬，虽精力尚健，亦宜节劳，以从众愿，遂乘轻舆以往，究用自愧云。）敢忘众力近平蛮。（自立香山健锐营以来，屡派出征，屡有成效。上年台湾逆匪滋事，先派翼长等八人，前往领兵打仗，后复简派巴图鲁百人，随福康安等进剿，果能迅奏肤功，实为奋勇出力。然予心益深兢惕，诘戎之念，未敢一日忘也。）

益当克诘训惟懋，并视等差赏以颁。

莫谓例行托游豫，无非事也政胥关。

四

壮肄声威

——“三山五园”中的健锐营

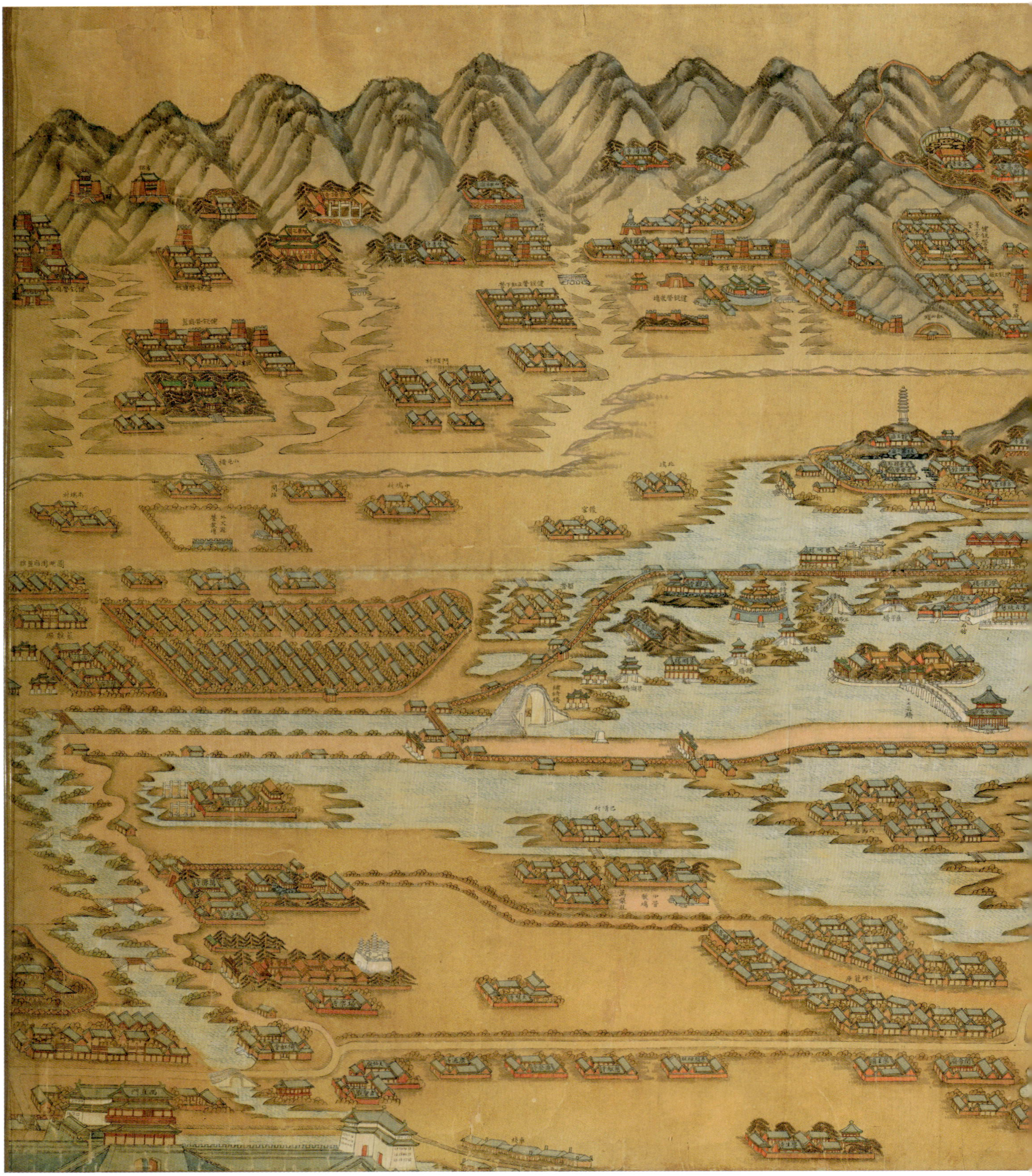

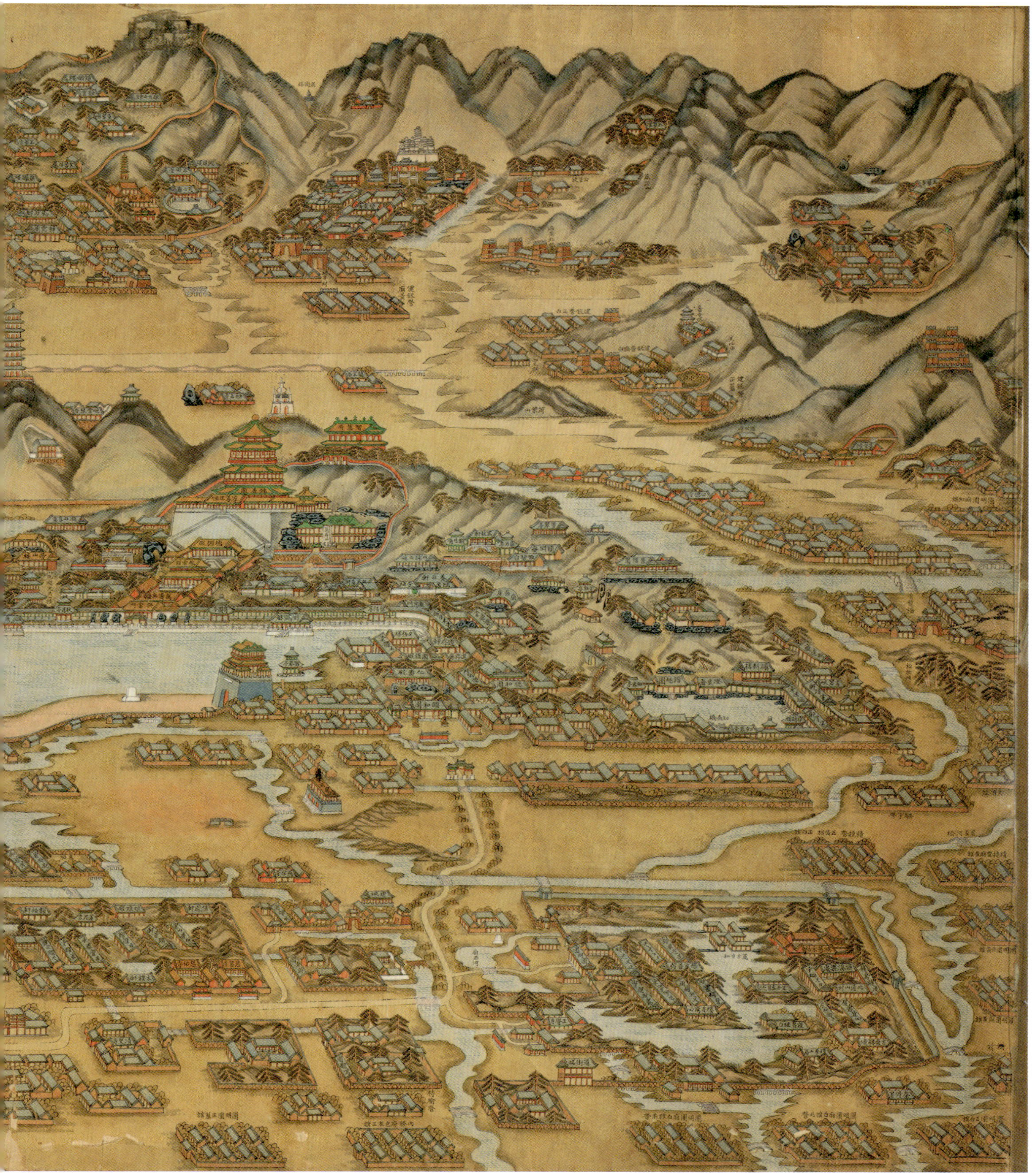

图 143　北京颐和园和八旗兵营

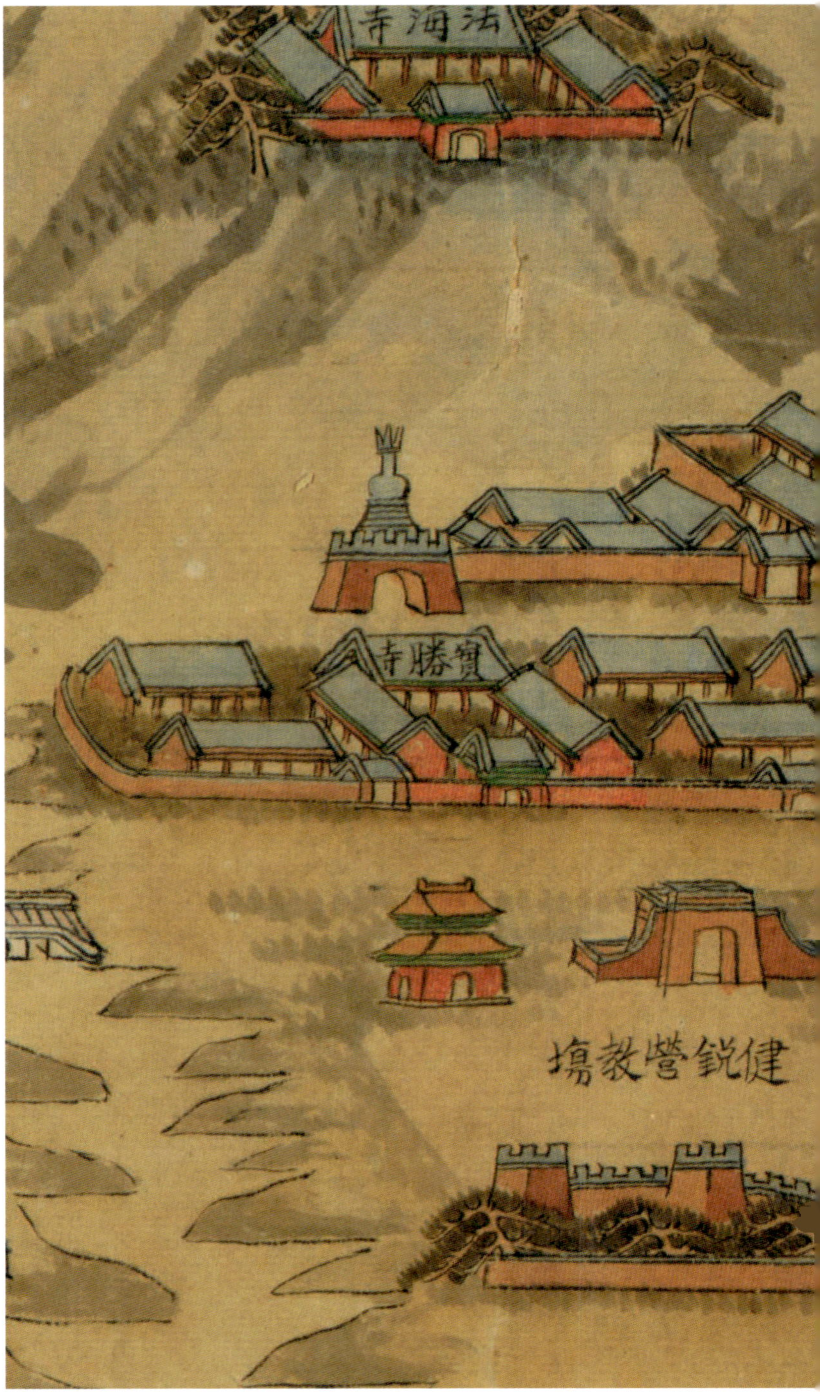

北京海淀西山峰峦叠嶂，各类园林建筑依山傍水点缀其中，与隽秀的自然风光一起形成了一幅亮丽的山水画卷。得益于优越的地理条件，西山地区自金代就已开始建造园林。根据《中国古代建筑史》（清朝卷）的界定，“三山五园”是指北京西北郊海淀至西山一带大批行宫御苑及私园中规模最大的五座——畅春园、圆明园、万寿山清漪园、玉泉山静明园和香山静宜园。

“三山五园”作为清朝中期与紫禁城并重的政治、经济、军事区域，是古都北京的重要文化元素。“三山五园”见证了清王朝由盛转衰的历史进程，辛亥革命后逐渐成为开放园林。其历史价值不仅局限于皇家园林建筑方面，它更是政治、经济、社会文化的重要组成部分。

地藏庵
健锐营正黄

图 144　健锐营地理全图

第一节

健锐营的地理分布

坐落于香山脚下的健锐营演武厅，是清代京西外三营中唯一完整保存了原有校场格局形制的清代皇家武备建筑群，作为向公众开放的文化单位，以历史文化遗产为依托，承载着“三山五园”的文化内涵。

1

健锐营营房

金川之战凯旋归来后，乾隆皇帝下令将云梯兵专设一营，赐名为健锐营，将其设在原演练云梯的香山脚下，命在香山静宜园两翼为其修建八旗营房，并将“成功之旅”略加整合，成为了一支常设部队。健锐营之所以选址于香山脚下，且营房分布具有一定的海拔高度，恰是因为此地和金川一样具有多山地的地形特点，具备建造碉楼和训练云梯兵的条件。

香山之上，以大石层层砌为碉楼。盖金川之役，成功倍难，以土人据碉楼之险也。既凯旋，诏仿其式建于此，以示后世。知戡定之艰，昭将士之勇焉。

——北京古籍出版社点校本《天咫偶闻》卷九

健锐营八旗与京城内八旗一样分为左右两翼，以香山静宜园为中心，取龙蟠凤翔之势沿山脉左右展开。依山麓向东驻扎该营左翼，自西向东依次为健锐营镶黄旗、正白旗、镶白旗、正蓝旗四营；依山麓向南驻扎该营右翼，自北向南依次为健锐营正黄旗、正红旗、镶蓝旗、镶红旗四营。其所建营地内，仿照大金川战争勒乌围和刮耳崖两个主要据点的格局，依山修有由西山毛石砌筑而成的训练用碉楼。一方面作为健锐营八旗兵丁日常习练云梯技艺，避免荒疏之用，另一方面也是让后人永远记住他的卓著武功。

健锐营每营均设有围墙，多为砖木结构门楼，少数为方形营门上砌垛口（镶黄旗南营、正黄旗）。营内营房整齐划一，十分坚固，分别列于十字宽街两侧，院落井然。除了公共设施以外，八旗士兵携家眷，以户为单位居住，根据不同的军职来分配房屋。其中翼长房子最好，为带后花园的四合院；其次有五间北房，三间配房，一个小跨院；最普通的为三间北房，独门独院，占地二分。

静宜园东四旗健锐云梯营房之制：镶黄旗在佟峪村西，碉楼九座，正白旗在公车府西，碉楼九座，镶白旗在小府西，碉楼七座，正蓝旗在道公府西，碉楼七座。（旗册）[臣等谨按] 香山东四旗健锐云梯营房，乾隆十四年奉命建设，后西四旗同。

——北京古籍出版社点校本《日下旧闻考》卷一百一

静宜园西四旗健锐云梯营房之制：正黄旗在永安村西，碉楼九座；正红旗在梵香寺东，碉楼七座；镶红旗在宝相寺南，碉楼七座；镶蓝旗在镶红旗南，碉楼七座。（旗册）

——北京古籍出版社点校本《日下旧闻考》卷一百二

以上资料记载了健锐营营建之初的规模以及具体位置分布，按照官兵等级如翼长、前锋参领、前锋校、前锋等分配不同数量的营房，遇有增兵等情况，会增盖新的营房以保障官兵生活。光绪朝《大清会典事例》记载，至乾隆十八年（1753 年）共修建营房 5674 间。《钦定八旗通志》记载，乾隆年间曾陆续修建健锐营营房达九千余间。

2

健锐营衙门

健锐营作为一支常设部队，驻扎在香山两翼之后，在驻扎地区修建健锐营衙门。衙门，又称印署，或印务处，是管理管营大臣印钥及文档的地方，原位于狼涧沟口东，南辛村西侧。今仅存碉楼一座。据《日下旧闻考》卷七十三载："健锐营衙门在静宜园东南，围墙四角有碉楼四座，共房二十二楹。"

档子房一般在本旗营中心位置，内分为参领办公处、俸饷处、派差处、仓库、笔帖行文处等，有六到八间房，负责本旗旗兵的俸银、口粮、训练、人口档案、册籍、公文等，可以说是旗营内最为核心的场所。

图 145

图 146

图 145　健锐营印房大门

图 146　印房北房

3

健锐营演武场

伴随着健锐营的成立，乾隆皇帝在香山脚下同时修建了包括演武厅、西城楼门、团城、校场及放马黄城等在内的演武建筑群，作为健锐营八旗定期合练和接受检阅的场所。

又御驾阅兵演武厅一座，后有看城及东西朝房，放马黄城。健锐营官兵在静宜园之左右翼，共三千五百三十二楹。碉楼六十八所。（八旗册）演武厅，乾隆十四年敕建，为健锐云梯营肄武之地。其土城门五，内设碉楼七处，西城楼门一。

——北京古籍出版社点校本《光绪顺天府志·京师志七》

《钦定八旗通志》记载了健锐营演武场相关建筑的规制、特点以及地理位置、营建缘由等信息。虽经战火烽烟的洗礼几经浮沉，但健锐营演武厅主体建筑基本保存完好，建筑风格气势恢宏，雄伟巍峨，石刻碑文精美隽秀，内容完整。

乾隆五十九年，查正黄旗教场内有阅台一座，看亭拜唐阿住房一间，奉旨设立石碑一座，余旗各如旧。静宜园演武厅琉璃正殿一座五间，前抱厦三间，左右布瓦朝房各五间，俱无匾额。正殿后砖砌圆城一座，前券门上嵌石匾，刻“威宜（宣）壁垒”四字。后券门上嵌石匾，刻“志愈（喻）金汤”四字。前券门上琉璃瓦城楼一座，计五间。后券门上琉璃瓦城楼一座，计三间。内安设石卧碑，上刻《实胜寺后记》，俱无匾额。圆城内左右看守房各三间，俱系乾隆二十六年修建。又实胜寺前琉璃瓦碑亭一座。

——吉林文史出版社校点本《钦定八旗通志》卷一百十四

图 147

图 147　1958 年文物普查远观校场全貌

图 148

图 149

图 148　团城“威宣壁垒”匾额

图 149　团城“志喻金汤”匾额

4

健锐营官学

健锐营八旗官学，又称健锐营高等小学堂，位于健锐营衙门西南，始建于乾隆四十年（1775 年），整所学校依山而建，顺势而上，为三层阶梯式园林庭院格局。依据《大清会典事例》记载，清代校内曾设有通晓清语教习八员，专管教训健锐营八旗幼丁清语。三年期满，如有成效，则送吏部议叙为笔帖式使用。再由护军蓝翎长前锋内，每旗各选一人，在学校内会同教训学生们的骑射等技艺。

到光绪二十七年（1901 年），称“健锐营两翼知方学社”，所学功课为八股文之类，直到科举制度废除。清帝逊位后，几易校名，至 1972 年更名为香山小学，可谓是北京市海淀区历史最为悠久的一所小学。目前院内仍保存有清代石槽两座。

图 150

图 150　香山小学

5

健锐营碉楼建筑

健锐营以云梯攻碉见长，每一旗营中都建有碉楼，据《大清会典事例》记载，健锐营“左翼建四层碉楼十四座，三层碉楼十八座；右翼建五层碉楼二座，四层碉楼十座，三层碉楼二十四座”，说明当时在香山一带共建了 68 座碉楼。

图 151

图 152

图 151　团城旧照中碉楼

图 152　现存碉楼

这些碉楼，或在平地，或在路边，或修筑于山坡之上，都是由当时番子营的金川人修建，当地人俗呼为“碉堡”。时至今日，这些用以演练云梯作战的碉楼已经所剩无几。只有香山路北侧的一座最为完整，已被定为海淀区文物保护单位。另外，在北京植物园内、红旗村部队大院和香山小学附近也尚有几座碉楼残留。从这些保留下来的石碉看，有实心的“死碉”，也有能够进入内部的“活碉”。俱用西山黄色毛石砌筑，底大上小，分层留有方孔。“死碉”方孔亦封死，“活碉”方孔则通透，可用于瞭望和放箭，可见其易守难攻。

第
二
节

健锐营在“三山五园”中的职能及政治地位

作为皇家行宫与园林风景的建筑,“三山五园”具有十分丰厚的历史文化底蕴，代表了我国古典园林建设和造园艺术的最高水平，承载了部分清代北京城政治中心的职能，也是清朝最高统治者的一处十分重要的政治活动中心。同时以皇家园林为中心形成了包括寺庙、街市、官宦住宅、兵营等满足最高统治者各种需要的多功能网络体系。

健锐营与“三山五园”紧密相关，历史上承担着守卫静宜园的职能，曾在清漪园昆明湖练习水操，还负责圆明园的消防任务，是“三山五园”皇家园林中军事文化的重要体现。

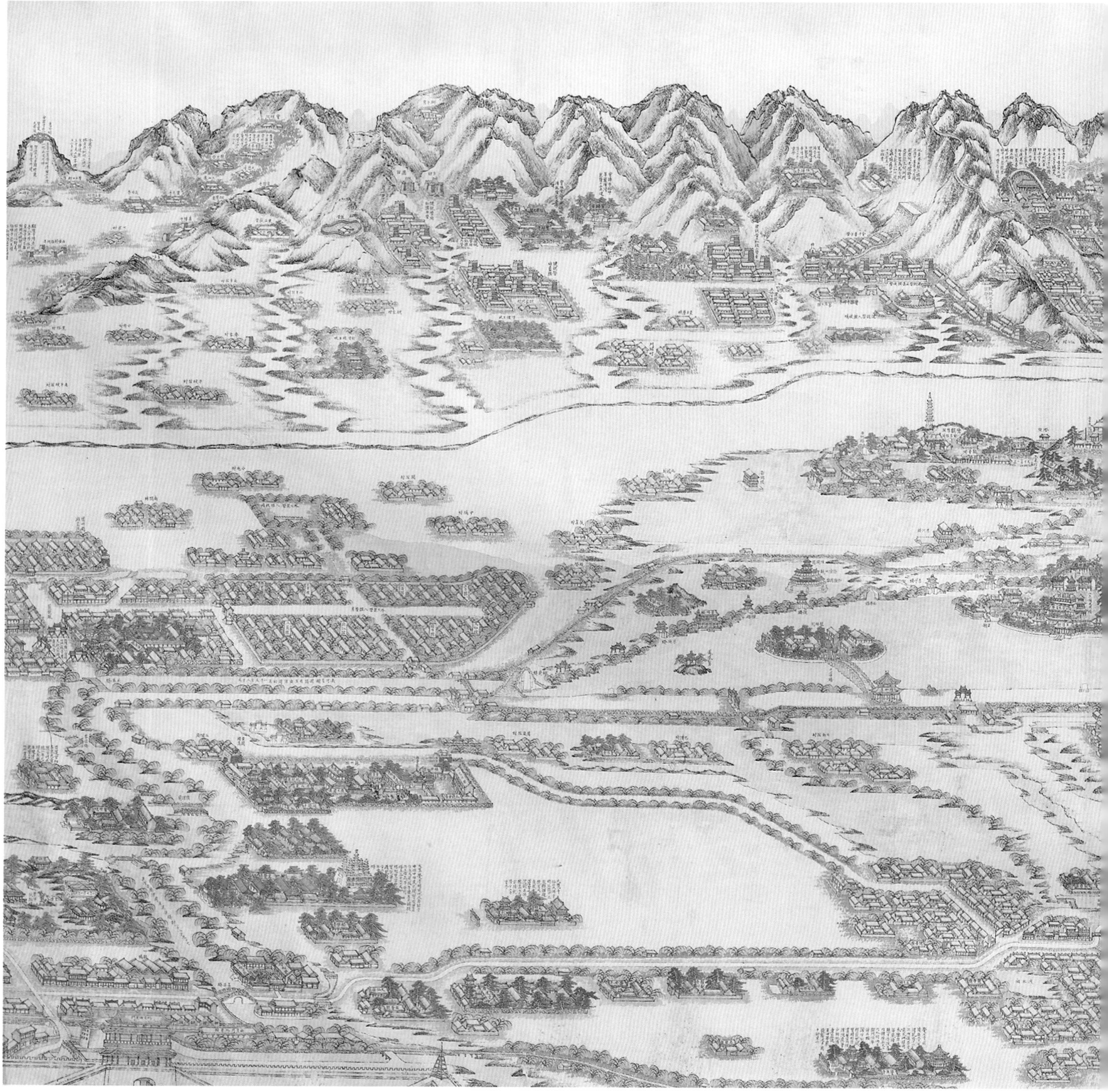

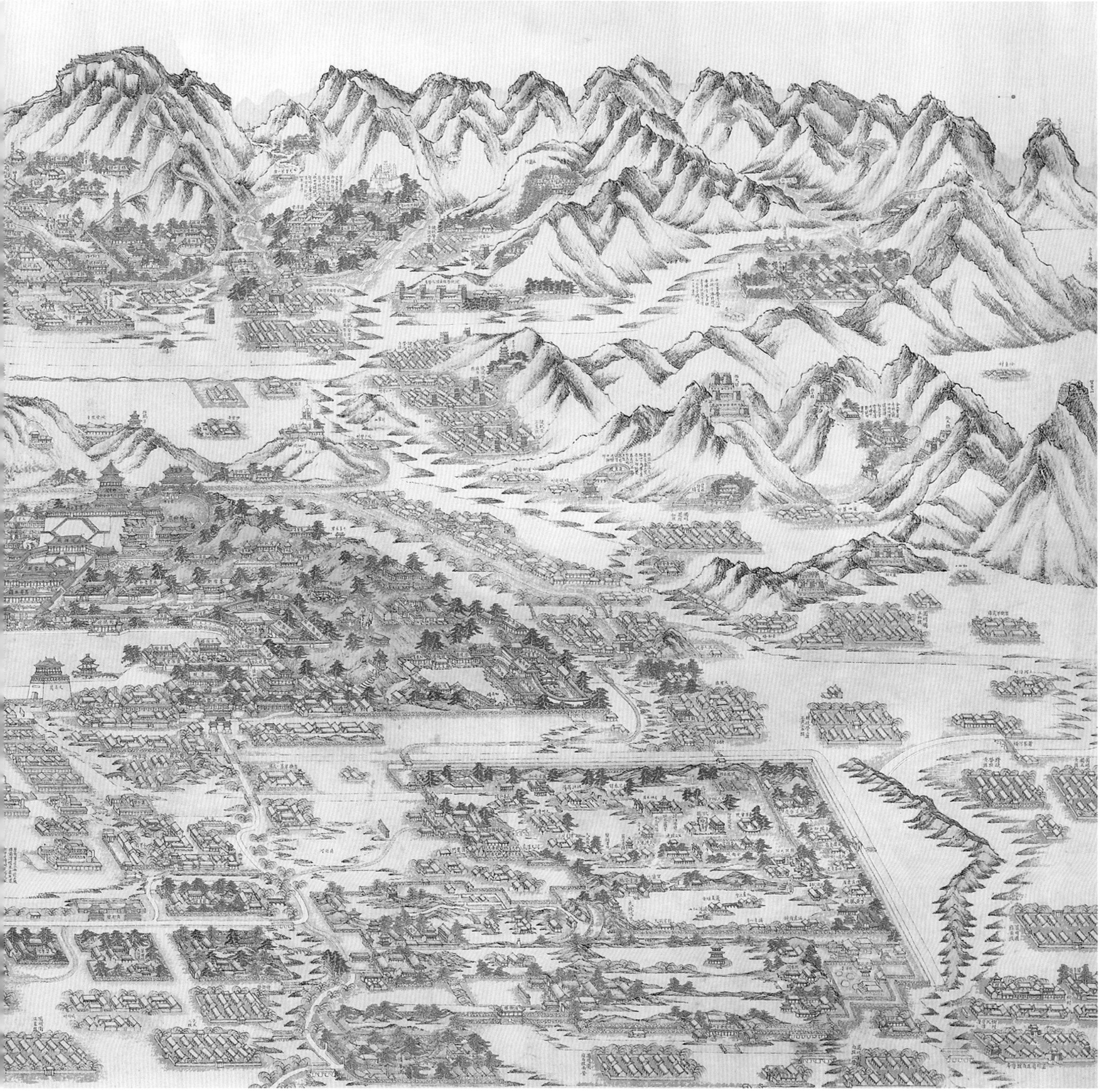

图 153　西山名胜全图

1

健锐营的职能

健锐营的职能主要有守卫扈从、出兵征战、参与校阅、火班救火等。

守卫扈从

扈从皇帝行止是健锐营一项重要任务。清代八旗兵由京营八旗和驻防八旗组成，驻防八旗分驻全国要冲重镇，京营八旗则驻守北京城内，负责拱卫京师。为了服务政治和军事的特殊需要，在雍正二年（1724 年）建立圆明园护军营，乾隆十四年（1749 年）建立香山健锐营，乾隆三十五年（1770 年）建立蓝靛厂外火器营，这三支负有特殊任务的八旗营，旗营都建在京城西北郊，统称为“京旗外三营”，而北京西北正是皇家园林“三山五园”所在地，所以清廷赋予它们的重要职责之一是扈从皇帝，保护皇帝在园期间的安全。

乾隆十五年（1750 年）规定，健锐营每日以参领一人、前锋校前锋十名守卫静宜园宫门。遇皇帝巡幸 , 健锐营派出扈从官兵 , 京师各营占六分 , 健锐营占四分。乾隆十八年（1753 年）又新增官兵，以署前锋参领二人，副前锋校每旗各一人，署前锋每旗各十五人，驻红石山。乾隆二十三年（1758 年），健锐营正式接替静宜园护军担任扈从和守园的职责，在皇帝驻园期间健锐营门卫则移往碧云寺孔道，皇帝出园巡幸时，派出十分之一的旗兵扈从，统以翼长一人指挥。此后，“备静宜园之守卫”成为健锐营的基本职能。

常日，备静宜园之守卫。（以参领一人，前锋校前锋十人，守卫静宜园宫门。驾幸静宜园，则移驻碧云寺孔道。）巡幸则扈从。巡幸，以官兵十分之一出派扈从，统以翼长一人。翼长穿黄马褂，前锋参领蓝镶黄马褂，兵丁黄镶蓝马褂。

——光绪朝《钦定大清会典》卷八十八

嘉庆十九年（1814 年），朝廷规定以后皇帝圣驾谒陵，自启銮日起，至回銮日止，添设健锐营章京一员，在紫禁城东华门外值班，由健锐营大臣选派多人轮流值守。如遇到需要增加保卫兵力的时候，就调拨健锐营的值班章京前往。并专门为此制作健锐营官兵象牙信牌，用于调遣章京前往时验证身份。

同时，嘉庆朝规定在南苑行宫围墙外添设护卫官兵，围墙每面建十架帐房，由二名章京督率士兵五十名护卫，其中健锐营派出章京四员，士兵一百名，与火器营派出的官兵一起，完成昼夜巡逻任务。同治十一年（1872 年）规定，以后凡遇皇帝在祭坛内的斋宫住宿，派健锐营官兵一百名一起前往，并添设一名管营大臣，带领值守。

出兵征战

健锐营作为清代八旗兵中的一支“特种部队”，其主要的职能是参与战争。北京西山地区因其独特的地形地势特点，不仅成为保护北京的天然屏障，而且为特种军队提供了良好训练场所。健锐营士兵在此演练云梯攻碉技术，训练内容包括传统马上技艺、火器操演、水师、步射及骑射等，练就了不凡的身手，培养了多位优秀的将领，得到了乾隆皇帝多次的褒奖。健锐营正式组建后，除参加了两次平定金川之战外，还参加了平定回部大小和卓之战、清缅之战、镇压台湾林爽文起义、反击廓尔喀犯藏之战等，清末还参加了抗击八国联军进攻北京之战。健锐营始终不辱使命，在战争中创下赫赫战功，为维护清王朝的大一统做出过巨大贡献。

参与校阅

清朝以武功定天下，国家的军队力量始终是统治者极为重视的，所以清朝大阅制度一直被视为清朝尚武精神的典型代表。大阅典礼是国家重视武备的礼制建设，以大阅典礼的形式起到威震四海、扶绥安邦、不战而胜的作用。健锐营的重要职能之一就是参与校阅，包括在香山演武厅接受皇帝的检阅，参加清代大阅，随皇帝到避暑山庄等地进行校阅展示，接受钦派大臣的定期检阅等等。

在《钦定大清会典事例》的大阅典礼和规制中，记述了参照乾隆四十二年（1777年）惯例，健锐营参与大阅的官兵人数、排列方式以大阅前的操演地点等。

照乾隆四十二年之例，于左翼健锐营、右翼外火器营官兵，每翼出派三百五十名。乘骑在前排列，末队骁骑营兵，在交冲兵之后排列。镶黄旗汉军信炮，设于行宫门前。阅兵王大臣等，在晾鹰台排列。届时，兵部大臣奏闻请驾。

——光绪朝《钦定大清会典事例》卷七百六

清朝末年，皇帝对于健锐营的训练和检阅仍然非常重视。咸丰三年（1853年）挑选健锐营等八旗营兵精壮之士实心简练，有看守任务者也轮流入操，有技艺生疏、老弱充数者将受严惩，每月接受阅兵大臣的检阅，以整顿武备，严肃军纪。

同治八年（1869年）恢复旧制，定期阅看健锐营兵合操。

（同治八年）奏准：现在军务渐平，圆明园八旗、健锐营、内外火器营兵丁，派往各路军营出征防堵者，俱已归伍，应复旧制。自同治九年春季起，仍与各营合操演放铅丸。九年奏准：御前大臣、阅兵大臣，定期轮流阅看圆明园八旗、健锐营、内外火器营及八旗满洲蒙古汉军骁骑营、两翼前锋营、八旗护军营枪兵合操。

——光绪朝《钦定大清会典事例》卷一一二五

火班救火

嘉庆十九年（1814 年）制定了火班章程，二十四年（1819 年），再次扩大了消防任务，健锐营增编了火班，增配了激桶等消防器具，承担皇宫和圆明园的消防任务。[12] 激桶是一种大型的消防器械，为金属制的圆形长条管枪，利用唧筒的原理制成。有火警时，把管枪插入水桶中，从管枪头上，把紧靠外层管壁的内筒往外拔，水就吸入管枪的管桶中，然后再用力把内筒往管筒内压，水就从内筒前端的小孔中喷射而出。健锐营云梯兵除了可以在攻城作战时发挥重大作用，攻城的技能也可以用于灭火，特别是那些飞虎手，利用云梯，用利斧砍断房梁，在屋顶坍塌之时飞身而下，用房屋屋顶将火压灭，再配合唧筒喷水灭火。

12 赵生瑞著：《中国清代营房史（上册）》，中国建筑工业出版社 1999 年版，第 137 页。

2

健锐营与香山静宜园

清朝乾隆时期，以香山静宜园为核心的山前地区发生了历史性的变化，这一地区是被称为“神京之右臂”的北京大西山历史文化中内涵最为丰富的地区。从乾隆年间开始，皇帝将先前修建的香山寺及香山行宫改扩建更名为静宜园，修二十八景，使之成为著名的行宫御苑。乾隆十四年（1749 年），乾隆皇帝设立特种部队健锐营驻扎在香山地区，自此，香山地区除了寺庙与墓葬，还呈现出以静宜园为中心的皇家园林和与旗营社会共同存在的文化风貌。

乾隆皇帝对香山静宜园非常青睐。静宜园并非新建之园，而是在康熙十六年（1677 年）建造“香山行宫”的基础之上，据原有寺院和自然景观葺垣筑室而来，彰显了中国园林艺术的高超技巧。佛殿和宫室高低错落，能够相望借景。在山峰、山岭腹地，凡是可以占据山川之秀和可观览奇特景观的地方，皆修建了亭、轩、庐、广、舫室和蜗寮。静宜园体现了乾隆时期皇家园林艺术的杰出成就，也承载了乾隆帝修身养性的情致、治国理政的才略。

健锐营驻扎在静宜园脚下，承担扈从和守园职责，保障皇帝在园期间的安全。据统计，乾隆皇帝一生有 82 次驻跸静宜园，除在此居园理政、治国安邦之外，检阅犒赏健锐营将士也是主要目的之一，曾留下十余首御制阅武诗。

3

健锐营与京旗外三营

圆明园护军营、健锐营、外火器营并称“京旗外三营”，历史上曾担负着相同的责任，但各自的训练侧重又有所不同。

圆明园护军营是为了加强皇帝在圆明园处理政务时的安全，于雍正二年（1724 年）建立，选拔京城满蒙八旗驻扎，同年又由内务府两黄、正白组成“包衣三旗”，专司园内宫门的守卫和内勤杂务。两护军营合称“圆明园护军营”，由圆明园印房管理。从设置缘起上可以看出，护军营的主要职责是拱卫圆明园地区，以及确保皇帝往返途中和驻园期间的安全，而平时则进行骑、步、射、善扑等技艺的训练。健锐营最初以云梯攻城见长，但驻扎在静宜园脚下后又增加了鸟枪、步射、骑射、水操等诸多训练科目，可以说是一支多兵种的特种部队。

蓝靛厂外火器营是从城内火器营分出来的。城内火器营建于康熙三十年（1691 年），是专门操演火器（鸟枪和子母炮）的部队。衙门设在东城东四牌楼西，营兵散居于城内各旗。在操演时，汇聚在安定门外教场，费时费力。乾隆三十五年（1770 年），由管理火器营事务的蒙古都统色布腾巴勒珠尔奏请高宗弘历批准，于乾隆三十八年（1773 年）在京西长河西岸蓝靛厂另建外火器营，拨八旗满洲、蒙古兵聚居，以利操练。

海甸之西，香山之上为静宜园御苑，其下云梯健锐营在焉。盖京营之制，别香山、圆明园、蓝靛厂为外三营，凡京营劲旅皆出于是。如乌武壮（兰泰）、塔忠武（齐布）皆为一代名臣。缘其地去城既远，不甚染繁华靡丽之习。号令严明，尚存旧制。香山营外有讲武台，乃翠华讲武之所，余尝过而敬瞻焉。行殿之整齐华焕，固不待言。即微至射堋、马埒，亦似日加扫除培护者，即此一事知其纪律未亡。

——北京古籍出版社点校本《天咫偶闻》卷九

从外三营与“三山五园”的相对位置关系来看，健锐营位于香山脚下，营房沿山地东北和西南走势而分左右两翼展开，分布于静宜园与静明园之间的低山或山麓地带；而圆明园护军营营房则对静明园、清漪园、畅春园、圆明园形成南北包围的布局形势，其中又以北部的布防最为严密，是六个护军营房的所在地，均位于平原开阔地带。从健锐营和圆明园护军营的总体营房分布看，两者恰好对“三山五园”形成四面八方的环绕包围之势，又有西山作为自然屏障，共同构成北京西部防御体系。从微观上来看，健锐营介于静宜园和静明园之间，即香山和玉泉山之间。辅以西山层峦叠嶂、沟壑交错的奇特地势，可以说是整个北京皇家园林西部防卫工作的重要组成部分，大大确保了皇帝驻跸和出行的安全。

除了拱卫皇家园林，扈从皇帝行止之外，健锐营与外火器营还共同参与了多次战争，为维护清王朝的安定统一做出过不可磨灭的贡献。《圣武记》中的《乾隆再定金川土司记》《国朝甘肃再征叛回记》《乾隆临清靖贼记》《嘉庆川湖陕靖寇记》《嘉庆畿辅靖贼记》等诸篇均有记载。

如今，外火器营和圆明园护军营遗迹几乎已不复存在，唯健锐营演武厅依然矗立于西山脚下，是唯一完整保存了原有校场格局形制的皇家武备建筑群，是“三山五园”皇家园林中军事文化的重要体现。

中国第一历史档案馆藏 内务府陈设册 5319 号

乾隆五十四年　月　日
演武厅南城楼北城楼等处陈设清册
乾隆五十四年　月　日清查
演武厅殿一座计五间抱厦三间明间靠屏向南设
木（一号）松木地平一座上铺
毡（一号）黑毡一块
毯（二号）羊毯一块
围屏（一号）紫檀边黄缎心绣花卉围屏一架
（计五扇随座屏耳屏面俱有渍脏）
围屏前设
木（二号）紫檀三屏宝座一分上铺
坐褥（一号）黄缎绣花卉坐褥靠背迎手一分
（靠背里有霉渍）
坐褥上左设
如意（一号）紫檀嵌三块玉如意一柄（双绿穗珊瑚豆）
右设
痰盆（二号）填漆痰盆一件
木（三号）
紫檀足踏一件随
套（一号）
黄缎毡套一件
宝座左右设
木（四号至五号）紫檀香几一对（开胶酥散）
左几上设
炉瓶盒（一号）青花磁炉瓶盒一分
（铜匙箸紫檀盖座玉顶兽面蜡补）
右几上设
磁（一号）
黄磁木瓜盘一件（楠木座）
宝座后屏门上挂
御笔（一号至三号）御笔黑漆金字匾一面，对一副
南北风窗上挂
御笔（四号至十一号）御笔黑漆金字匾八面
外檐前后门上挂
帘刷（一号至四号）青缎帘刷四件

乾隆五十四年　月　日
演武厅殿一座
旧管陈设二七号计三十四件内
木床宝座足踏香几（五号）
围屏（一号）
坐褥背靠迎手（一号）计四件
如意痰盆（二号）
磁器（一号）
炉瓶盒（一号）计三件
毡毯（二号）
套（一号）
帘刷（四号）
御笔字匾对（十一号）

演武厅南城楼
乾隆五十四年　月　日
演武厅南城楼一座计五间西二间靠南窗设
木（一号至六号）楠木包镶床六张上铺
毡（一号）白毡一块（有渍脏虫蛀）
坐褥（一号至六号）青缎坐褥六件
（内二件面有破渍脏四件俱破）
窗户台上设
痰盆（一号至六号）黑漆有盖痰盆六件牙顶裂
东二间靠南窗设
木（七号至十二号）楠木包镶床六张上铺
毡（二号）白毡一块（虫蛀）
坐褥（七号至十二号）青缎坐褥六件（内一件里有破）
窗户台上设
痰盆（七号至十二号）黑漆有盖痰盆六件（牙顶裂）
前后门上挂
帘（一号至四号）青缎边刷毡竹帘各二架（有渍脏破）

乾隆五十四年　月　日
演武厅南城楼一座
旧管陈设四十二号内
床十二号
毡二号
坐褥十二号
痰盆十二号
帘四号

乾隆五十四年　月　日清查
演武厅北城楼一座计三间
前后门上挂
帘刷（一号至二号）青缎帘刷二件

乾隆五十四年　月　日
演武厅北城楼一座
旧管陈设二号
帘刷二号

中国第一历史档案馆藏 内务府陈设册 1707 号

嘉庆三年分
演武厅南城楼北城楼等处陈设清册
演武厅殿一座，计五间抱厦三间靠屏向南设
松木地平一座上铺
黑毡一块
羊毯一块
紫檀边黄缎心绣花卉围屏一架
（计五扇随座耳屏耳面俱有渍脏）
围屏前设
紫檀三屏宝座一分上铺
黄缎绣花卉坐褥靠背迎手一分（靠背里有霉渍）
坐褥上左设
紫檀嵌三块玉如意一柄（双绿穗珊瑚豆）

右设
填漆痰盆一件
紫檀足踏一件随
黄缎毡套一件
宝座左右设
紫檀香几一对（开胶酥散）
左几设
青绿炉瓶盒一分（铜匙筋紫檀座）
右几设
黄磁木瓜盘一件（楠木座）
宝座屏门上挂
御笔黑漆金字匾一面对一副
南北风窗上挂
御笔黑漆金字匾十面
外檐前后门上挂
青缎帘刷四件
南城楼一座计五间东西间靠南窗设
楠木包厢床十二张上铺
白毡二条（虫蛀有渍脏）
窗户台上设
黑漆有盖痰盆十二件牙顶裂
前后门上挂
青缎边刷竹帘各二架（有渍脏有裂处）
北城楼一座计三间
青缎帘刷二件

中国第一历史档案馆藏 内务府陈设册 1968 号

道光十六年分
演武厅南城楼北城楼等处陈设清册
演武厅一座五间抱厦三间明间靠屏峰向南设
松木地平一座上铺
黑毡一块
羊毯一块
紫檀边黄缎绣花卉围屏一架五扇（随座屏耳面俱渍脏）
紫檀三屏宝座一张上铺
黄缎绣花卉坐褥靠背迎手一分（靠背里俱霉渍）
坐褥上设
紫檀嵌三块玉如意一柄（双绿穗红豆）
填漆痰盆一件
紫檀足踏一件随
黄缎毡套一件
紫檀香几二件（开胶酥散）上设
青绿炉瓶盒一分（铜匙箸紫檀座）
黄磁木瓜盘一件（楠木座）
屏门上挂
御笔黑漆金字匾对一分
南北风窗上挂
御笔黑漆金字匾十面
外檐前后门上挂
青缎帘刷四件
南城楼一座五间东西间靠南窗设
楠木包厢床十二张上铺
白毡二条（虫蛀渍脏）
前后门上挂
青缎边刷毡竹帘各一架（有渍脏破处）
北城楼一座三间
外檐门上挂
青缎帘刷二件
殿内备用
填漆痰盆三件
菠萝漆痰盆二件
紫漆痰盆一件

中国第一历史档案馆藏 内务府陈设册 3267 号

道光十九年分
演武厅南城楼北城楼等处陈设清册
演武厅一座五间抱厦三间明间靠屏风向南设
松木地平一座上铺
黑毡一块
羊毯一块
紫檀边黄缎绣花卉围屏一架五扇（随座屏耳面俱渍脏）
紫檀三屏宝座一张上铺
黄缎绣花卉坐褥靠背迎手一分（靠背里俱霉渍）
坐褥上设
紫檀嵌三块玉如意一柄（双绿穗红豆）
填漆痰盆一件
紫檀足踏一件随
黄缎毡套一件
紫檀香几一对（开胶酥散）上设
青绿炉瓶盒一分（铜匙箸紫檀座）
黄磁木瓜盘一件（楠木座）
屏门上挂
御笔黑漆金字匾对一分
南北风窗上挂
御笔黑漆金字匾十面
外檐前后门上挂
青缎帘刷四件
南城楼一座五间东西间靠南窗设
楠木包厢床十二张上铺
白毡二条（虫蛀渍脏）
前后门上挂
青缎边刷毡竹帘各一架（有渍脏破处）
北城楼一座三间外檐门上挂
青缎帘刷二件
殿内备用
填漆痰盆三件
菠萝漆痰盆二件
紫漆痰盆一件

健锐营
的前世今生

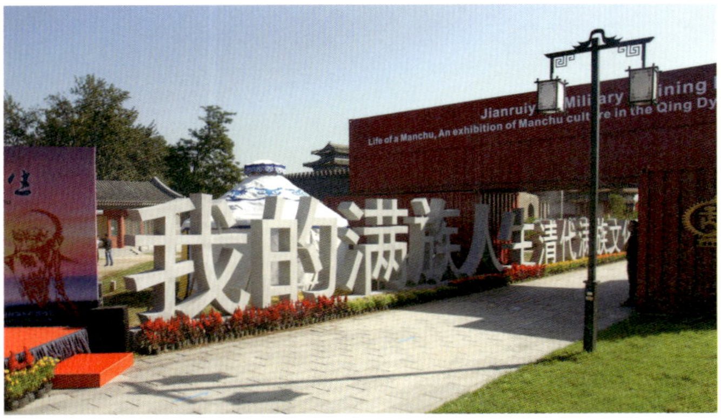

图 154

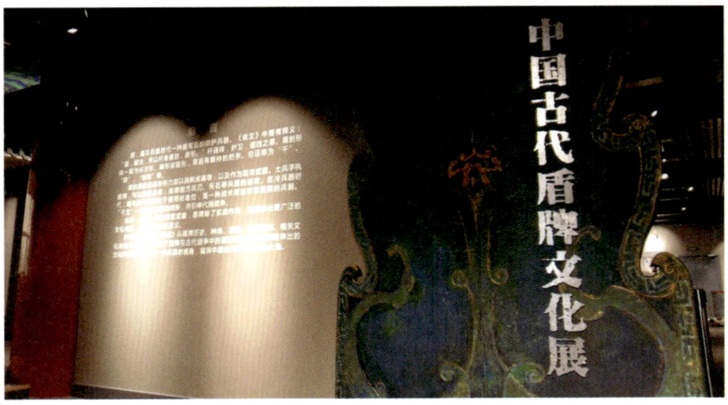

图 155　图 156

图 154　我的满族人生——清代满族历史文化展

图 155　中国古代盾牌文化展

图 156　中国古代刀剑文化展

1911 年辛亥革命后，清帝逊位，健锐营逐渐瓦解。至今香山地区经历了两百多年的沧桑巨变。1915 年，中央农事试验场租用健锐营八旗校场，增设西山果园，栽种果树。健锐营演武校场功能改为种植果园。日本占领北平后，校场被日军占领圈入华北农事试验场。新中国成立后，由北京市农场局接管，归属巨山农场。1988 年，健锐营演武厅由农场局交北京市文物局管理，成立北京市团城演武厅管理处。如今健锐营演武厅不仅是北京地区保存完整的皇家武备建筑群，也是京西旗营文化最完整最具代表性的遗存。

近年来，我馆举办了“东西方英雄人物展”“古代军事建筑展”“大阅兵”“大阅兵——车骑篇”“大阅兵——历代军戎服饰展”“中国古代知名战马展”“中国古代体育展”“健锐营营房展”“中国古代信息展”“我的满族人生——清代满族历史文化展”“中国古代盾牌文化展”“中国古代刀剑文化展”等一系列军事题材的展览，逐渐转型为以军事及武文化为核心内容的现代博物馆。

今后，我们将共同致力于推进健锐营演武厅全面发展，逐步推进实现遗址的完整性保护，实现文物活化利用，与人民群众精神文化生活深度融合、开放共享等工作。按照健锐营演武厅国保单位中长期保护规划，对接“三山五园”保护规划，逐步推进健锐营演武厅的完整性保护；开展西山健锐营课题研究，推动对放马黄城、校场等遗址的考古工作，推进实施文物整体保护和展示利用，形成西山永定河文化带、“三山五园”文化中独具特色的旗营军事文化景观。用自身独特的价值优势，挖掘“清代旗营军事文化”内涵，通过数字技术等手段虚拟重现近期难以原址恢复的重要文化资源，丰富展现方式，增进文化体验。

后记

香山健锐营是清王朝的一支特种部队，也是清代统治者手中的一把“利剑”，曾多次参加各类战争，在开疆拓土、维护统一和巩固政权方面战功卓著，在乾隆和嘉庆年间渐至鼎盛。但它也随着清王朝的灭亡，不可避免地解体了：1912 年 2 月 12 日，随着末代皇帝溥仪退位诏书的颁布，健锐营也就此烟消云散，消失在历史的长河里了。

党和政府对文物工作十分重视，十一届三中全会之后，这里 1979 年被列为市级文物保护单位；1988 年北京市政府决定，将团城移交市文物局，正式成立保护机构进行管理；2006 年 5 月 , 健锐营演武厅作为清代的古建筑群 , 被国务院批准列入第六批全国重点文物保护单位。此后十多年来，政府共拨付千余万元资金，对其进行修缮。现在整体面积 28000 平方米，建筑完好如初，再振了往日雄风，以崭新的面目向社会开放。

刀光剑影悄然远去，团城演武厅岿然独存。这里的殿宇、亭台、碉楼、校场，浓缩了清王朝近 200 年的兴衰荣辱，成为一段历史的实证。而西山团城演武厅周边，因驻军，历史上逐步形成了一个独特的社会群体，百余年来，在北京西山一带留下了社会风俗、人物故事、建筑遗迹、地名传说、碑文档案等丰富的人类学资料，为当今中国在多元民族文化的基础上构建和谐社会，保障不同民族成员作为行动主体的全面发展和文化记忆的当代再生产，提供了一种积极的借鉴。

臚全表績

图 157　演武厅展室

图 158

图 159

图 158　西配殿展室

图 159　东配殿展室

图书在版编目（CIP）数据

志喻金汤：健锐营演武厅文物史迹图志 / 北京大觉寺与团城管理处编；李永泉主编．— 北京：北京燕山出版社，2022.8
ISBN 978-7-5402-6605-9

Ⅰ．①志… Ⅱ．①北… ②李… Ⅲ．①营房—古建筑遗址—海淀区—图集 Ⅳ．① K928.721.3-64

中国版本图书馆 CIP 数据核字 (2022) 第 128802 号

作者	责任编辑	书籍设计	出版发行
北京大觉寺与团城管理处 编 李永泉 主编	张金彪	XXL Studio 马庆晓	北京燕山出版社有限公司
社址	**电话**	**印刷**	**开本**
北京市丰台区 东铁营苇子坑路 138 号	010–65240430	北京雅昌艺术印刷 有限公司	889mm×1194mm 1/8
字数	**印张**	**版次**	**印次**
171 千字	30.5	2022 年 8 月第 1 版	2022 年 8 月第 1 次印刷
书号	**定价**		
ISBN 978-7-5402-6605-9	680.00 元		